용서를 선택하라

낸시 드모스 월게머스 지음 | 스데반 황 옮김

생명의말씀사

CHOOSING FORGIVENESS
by Nancy DeMoss Wolgemuth

This book was first published in the United States by Moody Publishers, 820 N. LaSalle Blvd., Chicago, IL 60610, with the title *Choosing Forgiveness*, Copyright ⓒ 2006, 2008, 2022 by Revive Hearts Foundation.
All rights reserved.

This Korean edition copyright ⓒ 2023 by Word of Life Press, Seoul, Republic of Korea. Translated and published by permission.

용서를 선택하라

ⓒ 생명의말씀사 2023

2023년 11월 28일 1판 1쇄 발행

펴낸이 | 김창영
펴낸곳 | 생명의말씀사

등록 | 1962. 1. 10. No.300-1962-1
주소 | 서울시 종로구 경희궁1길 6 (03176)
전화 | 02)738-6555(본사) · 02)3159-7979(영업)
팩스 | 02)739-3824(본사) · 080-022-8585(영업)

기획편집 | 정설아, 최은용
디자인 | 박소정, 최종혜
인쇄 | 영진문원
제본 | 보경문화사

ISBN 978-89-04-16855-2 (03230)

저작권자의 허락 없이 이 책의 일부 또는 전체를
무단 복제, 전재, 발췌하면 저작권법에 의해 처벌을 받습니다.

오, 하나님!
우리 아들의 피로 인해 우리 영혼의 밭에
용서의 열매가 가득하게 되었습니다.
내 아들을 살인한 자들이 심판의 날에 당신 앞에 설 때,
우리 삶을 풍요롭게 해 준 용서의 열매를 기억하시고,
그들을 용서해 주소서.

이란의 하산 데콰니-타프티(Hassan Dehqani-Tafti) 주교

contents

추천의 글 데이비드 제러마이어 7
시작하는 글 용서를 선택하라 10

01 상처 입은 삶 / 24
깊이 파묻힌 삶의 조각들 | 당신이 알게 된다면 | 고통스러운 사실들 | 마음에 두다 | 놓아주다 | 독을 마시는 것 같은 | 자유를 찾아서

02 용서를 거부할 때 / 46
얼마나 나쁜 영향을 끼치는가? | 양심의 쓰라린 맛 | 괴로움을 자처하다 | 용서받지 못함을 느끼다 | 사탄의 발판 | 훈련받으려는 용기 | 거부할 수 없는 이유

03 용서의 약속 / 74
그분의 등 뒤로 | "너는 독일인들을 용서할 수 있겠니?" | 나는 이것만은 용서할 수 없어 | 그들이 대가를 치르게 하라 | 하나님의 사랑, 로나의 사랑 | 삭제 키

04 예수님 때문에 용서하라 / 96
어떻게 이것이 가능한가? | 용서의 세 가지 측면 | 당신 자신을 용서했는가? | 복음의 씨앗들 | 침묵의 칼

05 용서의 기술 / 118
누가 나쁜 일을 했는가? | 이 일에 대해 양심에 걸리는 부분은 없는가? | 당신의 선택 | 테러리스트들을 용서하라고? | 더 나은 것을 택할 것인가, 아니면 최악을 택할 것인가?

Choosing Forgiveness

06 하나님께 화를 내다 / 142
불가능을 믿으라 | 오, 주님, 어느 때까지입니까? | 어디까지 허용되는가? | 의아함, 도대체 왜, 만일 그랬다면 | 어떻게 생각하는가? | 채워지지 않는 갈망 | 죽음 앞에서의 용서

07 진정한 용서와 거짓 용서 / 166
용서한 것같이 느껴지지 않아 | 그냥 잊을 수는 없는가? | 과정으로서의 용서 | 미래의 용서 | 습관 들이기 | 순교자, 과부, 그리고 아들 | 무의미한 비극?

08 복으로 갚으라 / 188
용서의 마무리 | 잘못된 것을 다시 쓰기 | 용서의 더 깊은 면 | 갈보리 사랑의 능력

맺는 글 용서의 힘 206
감사의 글 215
주 217
소그룹 토의 가이드 221

Choosing Forgiveness

추천의 글

수년간 목회자로 지내면서 나는 용서하지 않는 영혼이 어떤 파괴적인 일과 질병을 발생시키는지 봐 왔다. 우리가 용서를 거부할 때 겪게 되는 감정적, 영적, 육체적 피해는 아무리 과장해도 지나치지 않다.

용서하지 않는 것은 감추어진 분노를 쌓는 것이라고 누군가 말했다. 용서하지 않은 마음을 부인하다 보면, 어느새 그 마음에 보이지 않는 종양이 생겨나서 자라 간다. 우리의 상처를 의식의 기억에서 제거하려는 것은 마치 공기로 가득 찬 비치볼을 물속에 넣으려는 것과 같다. 그 볼은 약간만 잘못 눌러도 옆으로 튕겨 나가면서 통제할 수 없어진다.

심리학자들은 용서하지 않는 마음은 엄청난 대가를 치르게 된다고 말한다. 원한을 품는 것은 우리 미래에 대한 통제권을 포기하는 것과 같다. 과거의 고통을 붙드느라 새로운 날의 신선함과 모든 가능성을 다 포기해 버리는 것이다. 우리는 누군가를 미워하면서 소중한 정신적, 영적 에너지를 낭비하지만, 종종 그 대상은 멀리 떨어져서 우리의 미움과 힘든 삶을 알지 못한 채 심지어 무슨 일이 일어났는지조차 모르고 살아가곤 한다.

이 책의 제목을 읽자마자 당신은 용서에 대한 가장 중요한 진리를 알 수 있다. 즉, 용서는 선택이라는 사실이다! 저자 낸시 드모스 월게머스(Nancy DeMoss Wolgemuth)는 우리 각자가 용서하고 용서받을 능력이 있음을 분명히 알려 준다.

우리는 실제 이야기를 통해 용서의 기쁨과 오랜 원망의 괴로움을 엿보게 될 것이다. 각 장은 영적이고 정서적인 용서의 역동성을 경험하도록 당신을 초대한다.

이 책은 당신에게 중요한 질문을 던지는 식으로 대화하는 책이다. 각 장에서 저자는 당신의 용서 과정의 진전 상황을 평가하는 데 도움이 되는 질문들을 제시한다. 나는 이 질문들이 우리의 모습을 들춰내는 매우 실용적이고 통찰력 있는 질문이라고 본다.

저자는 뛰어난 작가이기도 하지만, 그보다 먼저 성경 교사다. 지금까지 그녀가 쓴 책들에서 예상할 수 있듯이, 이 책은 성경 해설로 가득 차 있다. 이 책에서 그녀는 용서에 대한 핵심 구절을 하나도 빠뜨리지 않았다. 용서의 메시지가 명확하게 이해될 수 있도록 학문적이고 실천적인 방법으로 각 성경 본문을 설득력 있게 설명하고 있다.

이 책은 이런 유형의 책에서 자주 접하는 진부함을 없앴다. 어떤 공식이나 간단한 답을 제시하지 않는다. 그러나 당신은 이 책에서 성경적인 용서의 실재와 아름다움을 찾을 수 있을 것이다.

용서를 다룬 이 책은 이 주제에 대해 내가 읽은 책 중 가장 훌륭한 책이다. 만약 당신이 하나님께 죄 사함을 받은 신자이지만 아직 누군가를 용서하지 못하고 있다면, 이 책은 당신을 그 속박에서 벗어나 자유롭게 해 줄 것이다.

당신이 용서해야 하든 용서를 받아야 하든, 이 책은 당신에게 필요한 영적인 힘을 제공할 것이다.

데이비드 제러마이어(David Jeremiah)
섀도 마운틴 커뮤니티 교회(Shadow Mountain Community Church) 담임목사,
터닝 포인트 라디오 및 텔레비전 선교(Turning Point Radio and Television Ministries) 설립자 겸 진행자

시작하는 글

용서를
선택하라

용서받는 것은 꿀보다 더 달콤하다.
하지만 그것보다 더 달콤한 것이 하나 있는데
그것은 바로 용서하는 것이다.

찰스 스펄전(C. H. Spurgeon)

　레지나 호켓(Regina Hockett)은 일상적인 하루를 마치고 슈퍼마켓 계산대 앞에 줄을 서고 있었다. 갑자기 평소와는 다른 요란한 소리와 사람들의 목소리가 들렸다. 그녀는 곧바로 위험을 감지했다. 어느새 위험에 처할 때 느끼는 흥분과 두려움이 임했다.

　그녀는 본능적으로 몸을 돌려 열두 살짜리 딸 에이드리언(Adriane)이 곁에 있는지 확인했다. 에이드리언은 조금 전까지 풍선껌 기계에서 뭔가를 사려고 동전 하나만 달라고 조르고 있었다. 그러나 지금은 보이지 않았다.

　잠깐 사이에 그 소녀는 엄마가 잔돈을 차에 둔 것을 기억하고 밖으로 나갔다. 소녀는 차 앞좌석에서 동전 하나를 집은 후 풍선껌을 사려고 다시 가게로 오고 있었다.

　그 순간, 10월 중순의 진홍색 일몰을 배경으로, 주차장에서 소총

한 발이 발사되었다. 그리고 큰 혼란이 벌어졌다.

레지나는 에이드리언의 이름을 부르며 가게 통로와 계산대 사이를 황급하게 뛰어다녔다. 딸을 찾으려고 사방을 둘러보았다. '도대체 애가 어디 있는 거야? 바로 여기 있었는데!' 마침내 그녀는 급하게 사람들을 지나쳐 밖으로 나갔다. 그리고 땅바닥에 죽은 채로 누워 있는 어린 소녀를 발견했다. 매우 익숙해 보이는 신발이 가로등 아래에서 반짝였다.

그 아이는 에이드리언이었다. 에이드리언은 이미 죽어 있었다.

'도대체 왜 이런 일이!'

이 질문에 대한 답을 얻기까지 3년이라는 긴 시간이 흘렀다. 레지나는 누가 그런 짓을 했으며 그들이 어디에 숨어 있는지 궁금해하면서 세 번의 추모일을 흐느끼며 보냈다.

시간이 지나면서 사실이 밝혀졌다. 두 명의 10대 깡패들이 자기들의 조직을 '세상에 알리려고' 그날 밤에 일을 저지른 것이었다. 그들은 자동차를 타고(승객 자리의 창문을 내리고 완전히 장전된 날렵한 소총 하나를 들고) 내슈빌(Nashville) 중산층 동네의 상점 주차장을 배회하다가 레지나의 차 옆에 서 있던 한 중년 여성을 골랐다.

"나는 그냥 그 여성을 목표물로 삼았어요."

총을 쏜 사람은 목표물을 맞히지 못했고, 대신 그 총알은 6학년 아이에게 날아갔다.

용의자들은 마침내 체포되어 법정으로 끌려갔다. 재판관이 고소장을 읽자, 그들은 마구 비웃기 시작했다. 그들 중 한 명은 곁에 있는 형사를 위협하며 재판 날짜 전에 그가 살아 있지 못할 것이라고 말하기도 했다.

밝혀진 바에 따르면, 이 사건은 두 사람이 4개월 동안 저지른 세 건의 살인 사건 중 첫 번째 사건이었다.

레지나가 이렇게 큰 고통을 느낀 것은 난생처음이었다. "나는 너무나 상심하고 우울해서 1년 동안 아무것도 할 수 없었습니다."

그 후 그녀는 해마다 딸을 애타게 떠올렸다. 에이드리언이 살아 있다면 지금 무엇을 하고 있을지, 어떤 모습일지, 어디에 있을지 상상하며 세월을 보냈다.

그 살인 사건이 있은 지 10년이 지난 어느 날, 레지나는 「테네시신문」(The Tennessean)[1])과 공개적인 인터뷰를 갖게 되었다. 그녀는 소중한 딸이 왜 그런 식으로 죽어야 했는지 결코 이해하지 못한다고 인정했다. "그러나 나는 한 가지 사실을 알고 있어요. 에이드리언은 천국에 있고, 하나님은 내가 결코 할 수 없다고 생각했던 말을 할 힘을 주셨다는 것이지요. 그 말은 '나는 용서합니다.'입니다."

사실, 그녀는 슬픔 속에서도 자기 딸의 목숨을 앗아간 살인자들에 대해 가능한 한 많은 것을 알아냈다. 그녀는 그들이 비정상적인 가정에서 자라났고, 그들의 가정은 깨어져 있었으며, 그들에게 삶의 본이 될 대상이 없었다는 사실을 알게 되었다.

레지나는 사형수들을 돌보는 단체에 가입했다. 어느 날 그녀는 어떤 한 그룹과 함께 처음으로 사형수들을 방문하게 되었다. 그녀는 그때를 선명하게 기억한다. 그녀가 복도에서 교도소장과 이야기를 나누는 동안 사형수 한 명이 그녀 옆으로 지나가고 있었다. 그의 다리에 묶인 쇠사슬에서 철커덩 소리가 나는 바람에 그녀는 그의 얼굴을 바라보았다.

그녀 앞에 선 그 사람은 바로 에이드리언을 죽인 살인자였다. 그녀는 분노를 느껴야 마땅하다고 생각했다. 하지만 그녀는 그 대신 동정을 느꼈다. "내 마음은 너무 무거웠어요. 이 두 젊은이를 위해 기도해 왔었거든요. 나는 그들이 하나님을 찾게 되기를 기도했고, 심지어 감옥에서조차 이런 비참한 삶을 살 필요가 없다는 것을 깨닫게 되길 바랐어요."

"내가 어떻게?"

나는 용서에는 그런 철저한 항복과 포기가 필요하지 않다고 말할 수 있다면 좋겠다. 사실, 어떤 면에서는 이 주제를 철저히 회피하기가 더 쉬울 것이다. 너무 많은 사람이 마음 깊은 곳까지 찌르는 상처를 갖고 있고, 다른 사람들과 거리를 두는 것만이 이 시대를 살아갈 수 있는 유일한 대처 방법이라고 여기며 살고 있기 때문이다.

부정한 배우자들, 태만하고 무심한 부모들, 가정과 직장 심지어 교회에서의 성적 학대, 반항적인 자녀들, 무정한 시댁 식구들, 고압적인 상사와 권위적인 인물들…. 얼마든지 거론할 수 있다.

나는 거의 50년간의 사역을 하면서 내가 생각했던 것보다 훨씬 더 많은 고통이 사람들의 마음과 대인 관계 안에 있다는 사실을 알게 되었다.

한 예로, 어느 콘퍼런스 강연에서 어떤 여성이 내 앞으로 나아왔던 일을 잊지 못한다. 그 여성은 마이크를 잡고 수백 명의 사람들 앞에서, 그녀의 딸이 스토커의 손에 악랄하게 살해당한 비극적인 이야기를 쏟아 냈다. 나는 아직도 그 어머니의 목소리에 담긴 깊은 고뇌와 슬픔을 기억한다. "나는 14년 동안 이 남자를 증오했습니다! 내가 어떻게 그를 용서할 수 있겠습니까? 내가 어떻게 용서할 수 있겠습니까?"

나는 또 다른 상황을 겪은 한 여성을 기억한다. 그녀는 이런 글을 남겼다. "나는 마치 생명 없는 기독교인이 된 것 같습니다. 나는 하나님을 차단했습니다. 나는 내가 겪은 모든 상처로 인해 그저 의미 없이 살아가고 있습니다."

어떤 친구는 마약을 남용하는 아버지에게 버림받았는데, 몇 년 후 그녀는 아버지에게 앙심을 품고 있는 자신을 발견했다. 아버지는 화해를 원했지만, 그녀는 앙심을 풀지 않았다. 그녀는 자기 자신에게 이렇게 물었다. "너는 어떻게 교회에 가서 찬양을 부를 수 있지? 주님께 예배하고 있고, 말씀을 알고 있고, 사역으로 교회를 섬기고 있으면서도 네 아버지를 용서할 수 없다고? 기독교인으로서 전혀 앞뒤가 맞지 않잖아."[2]

우리의 마음은 이러한 불의와 고통을 생각할 때 아프다. 사람들이 이런 이야기를 할 때, 우리는 이렇게 말하고 싶을 것이다. "내가 네 입장이었어도 똑같이 느꼈을 거야." 우리는 본능적으로 그 범죄자들이 합당한 처벌을 받길 바란다.

하지만 우리가 서로의 삶에 진정한 자비의 도구가 되려면, 우리는 진리, 즉 '하나님의' 진리로 이런 일을 대해야 한다. 망각이나 인위적인 부정으로 마치 상처가 전혀 없었던 것처럼 행동하는 것은 옳지 않다. 또는 몇몇 합법적이고 단계적인 조치 과정을 따르기만 하면 마치 그 문제가 해결될 것처럼 여겨서도 안 된다.

나는 우리의 실제 삶과 무관한 피상적인 이야기를 하려는 것이 아니다. 나는 우리의 실제 삶을 활력 넘치는 치유의 은혜로 대하시는 하나님을 생각하며 그분의 순수한 말씀과 방법에 관해 이야기하고자 한다. 주님의 말씀은 향긋하고 풍성하다. 하나님은 그분의 말씀으로 낙망의 문턱에서 우리를 끄집어내시고 회복시키시며 자유롭게 하신다. 궁극적으로는 모든 것을 새롭게 하신다.

상대방이 절대로 사과하지 않는다고 해도, 또는 죽음이나 다른 어떤 제약으로 인해 사과할 수 없는 상황이더라도, 주님은 그분의 강한 진리로 우리가 그런 상황을 감당하게 하시고, 용서의 은혜를 통해 우리의 온 마음과 영혼을 자유롭고 온전하게 하신다. 이것이 주님이 역사하시는 방식이다.

이 시대의 문화에 만연한 사고방식은(복음주의 세계에서도 아주 빈번하게) 분노와 깨어진 관계, 그리고 해결되지 않은 갈등 속에서 우리가 나약해지는 것과 심지어 보복하는 것을 허락한다. 선의를 가진 친구들도 때때로 우리 곁에 와서 자기 연민을 부추기며, 심지어는 죄지은 자들에게 보복하려면 마음을 단단히 먹으라고 말한다.

그러나 하나님의 말씀은 우리가 용서하지 않는다면 그 대가가 크다고 분명히 알려 준다. 우리가 채무자를 용서하지 않는다면, 우리는 하나님과 화목하게 지내거나 삶 속에서 하나님의 축복을 경험할 수 없다. 용서하지 않는 것은 하나님의 은혜를 질식시키고 사탄의 계략에 말려드는 것이다(고후 2:11 참조).

자신에게 가해진 상처를 그냥 내버려두면 그 상처는 조금도 덜해지지 않는다. 사실, 더 무겁고 힘든 짐이 된다.

다른 사람의 동정심은 당신에게 일시적인 '위로'를 줄 수는 있지만, 용서로 얻을 수 있는 지속적인 '해방'의 자유를 줄 수는 없다.

양심의 날카로운 이빨

찰스 디킨스(Charles Dickens)의 고전 소설 『위대한 유산』(Great Expectations)에서 가장 기억에 남는 인물을 하나 꼽자면 바로 미스 하비샴(Miss Havisham)이라는 괴짜 여인이다. 소설에서 이 특이한 여인을 만나게 되는 시점은 그녀의 생일이다. 수년 전 바로 그 생일에, 그녀는 결혼식을 올릴 예정이었다. 웨딩드레스를 입은 그녀는 약혼자가 도착하기를 기다리고 있었다. 하지만 9시가 되기 20분 전, 그녀는 약혼자가 다른 여자와 도망갔으며 절대 돌아오지 않을 것이라는 믿기지 않는 전갈을 받았다.

미스 하비샴의 삶은 그 순간 멈춰 버렸다. 그녀의 집에 있는 모든 시계는 정확히 8시 40분이라는 운명적인 시간에 머물렀다. 창문에는 무거운 커튼이 드리워졌고, 모든 햇빛이 차단되었다. 그녀의 집은 항상 어둡고 우중충했다. 탁자 위에 놓인 결혼 케이크와 잔치 음식은 거미들이 조각조각 먹어 치웠고, 쥐들이 벽에서 시끄럽게 기어 다녔다. 그 상태로 그녀는 입양 딸 에스텔라(Estella)와 함께 은둔 생활을 했다.

무엇보다 그 버림받은 예비 신부는 비극의 순간에 입고 있던 웨딩드레스와 베일을 그대로 입고 있었다. 드레스와 베일은 빛이 바래서 누렇게 된 지 오래였고, 레이스 천은 푸석푸석하고 너덜너덜해졌다.

에스텔라에게 매혹된 주인공 핍(Pip)이 이 광경을 보고 궁금증을 느끼자, 미스 하비샴은 그에게 다음과 같은 우울한 이야기를 들려준다. "네가 태어나기 오래전, 그해 그날부터 나는 이 썩은 쓰레기 더미를 집에 가지고 들어왔단다. 쓰레기와 함께 나도 썩어 들기 시작했지. 쥐가 쓰레기를 갉아먹었고, 쥐의 이빨보다 더 날카로운 이빨이 나를 갉아먹었어."[3]

이 '이빨'은 앙심과 분노, 용서하지 못함으로 인한 아주 날카로운 이빨이었다. 이 칼 같은 돌기들은 발톱과 송곳니가 내는 상처보다 더 깊은 상처를 낸다. 피부 아래 저 깊숙한 곳까지 파고들어 우리 영혼의 기쁨을 갉아먹고, 평화를 무너뜨리며, 하나님의 임재의 빛을 보지 못하게 한다.

우리의 역경은 미스 하비샴이 겪었던 역경만큼 불행하지 않을지도 모른다. 분노가 있어도 그것을 감춘 채 정상적인 삶을 유지할 수 있을지도 모른다. 그러나 우리 영혼은 우리가 선택한 어두운 방과 날카로운 이빨의 흔적을 감출 수 없다.

'당신의' 인생에서 시계가 멈추었는가? 누군가가 당신에게 상처를 주었는가? 그리고 모든 것이 바뀌었는가? 아마도 당신은 여전히 그날, 그 시간, 그 장면, 그 상황을 기억할 것이다. 당신의 소망과 꿈과 순수함이 배신과 실망의 예리한 침에 찔려 상처를 입고 사라졌다. 그 이후로 당신의 인생 이야기는 상실감에서 벗어나기 위해 누구에게나 노골적인 격한 행동을 보였고, 앙심을 품고 아무에게도 사랑과 애정을 주지 않았다.

당신은 이 날카로운 이빨이 어떤 것인지 잘 알고 있는가?

나는 당신이 그런 상태로 살 필요가 없다고 말하고 싶다. 이제 커튼을 젖히고 어둠에서 벗어날 시간이 되었다. 그렇게 하는 것이 위험해 보일 수도 있다. 심지어 불가능해 보일 수도 있다. 그 과정은 고통스러울지 모른다. 하지만 당신의 마음을 막았던 상처와 환멸의 어둡고 퀴퀴한 벽 뒤에는 생명과 건강, 그리고 완전히 새로운 세상이 있다. 하나님은 당신에게 밖으로 나아갈 수 있는 은혜를 주길 원하신다. 하나님은 당신에게 자유를 주고 싶어 하신다.

삶으로 나타내야 할 진리

이 책을 통해 우리는 무엇이 용서이고 무엇이 용서가 아닌지를 성경에 비추어 살펴볼 것이다. 그러면서 용서에 대한 잘못된 통념을 들춰내고 용서에 따른 참된 약속을 깊게 살펴볼 것이다. 용서를 어떻게 해야 하는지, 즉 하나님이 우리에게 행하셨던 것처럼 어떻게 우리가 하나님의 은혜와 자비를 실제로 실천에 옮길 수 있는지 구체적으로 이야기할 것이다.

그러나 내가 제공할 수 있는 최선의 원칙과 깨달음에는, 그리고 성경 그 어디에도, 마법의 단어나 비밀 공식은 없다. 용서는 배워야 하는 방법이라기보다는 삶으로 나타내야 할 진리다. 용서라는 개념은 이 책을 읽는 사람 대부분에게 낯설지 않을 것이다. 이 책에 혹시 심오한 새로운 통찰력이 있더라도 그리 많지는 않을 것이다.

우리의 문제는 용서에 대해 모르는 데 있지 않다. 내가 여러 사람의 삶에서 잇달아 목격했듯이(나 자신에게서 자주 목격한 것을 포함해서), 문제는 내 속에 있는 앙심을 인식하지 못하거나 모르는 데 있는 것이 아니라 단지 용서를 선택하지 않는 데 있다.

나는 용서할 때 생길 수 있는 모든 위험과 어려움에도 불구하고 용서의 길을 선택하라고 권면한다. 물론 나는 당신에게 발생한 사건이 심각하지 않다고 말할 생각은 없다. 당신이 받은 고통은 실제다.

당신은 가까운 친척, 신뢰할 수 있는 친구, 완전히 낯선 사람, 심지어 목사 또는 다른 기독교 사역자에게 말로 다 할 수 없는 악한 일을 당했을 수도 있다. 당신의 삶에는 당신의 과거 또는 현재 상황 때문에 다른 사람들과 아직 나눌 수 없는 예민한 부분이 있을 수 있다.

나는 당신 영혼에 고통스러운 흔적을 남긴 경험을 과소평가하거나 가볍게 여기고 싶지 않다. 어떤 사람은 당신에게 "용서하고 잊어버려야 한다."라고 주장하겠지만, 사실 진정한 용서는 자신이 얼마나 큰 상처를 받았는지 직시할 때 가능하다.

그 상처를 직시할 때, 어렵지만 치유하는 진리를 발견할 것이다. 당신에게 어떤 악이 저질러졌든 간에, 용서하지 않는 것을 택하는 것은 그 자체로 심각한 죄다. 실제로, 용서하지 못하면 원래의 상처와 아픔보다 훨씬 더 심각하고 장기적인 문제가 당신 삶에 발생하는 경우가 많다.

당신을 위한 나의 기도

나는 이 책을 반드시 써야 한다고 느꼈다. 왜냐하면 신자 대부분이 어떤 형태로든 용서하지 못한 마음으로 인한 파급 효과에 직면하고 있다는 것을 알았기 때문이다. 용서하지 못한 마음은 남성과 여성, 노인과 젊은이, 기혼자와 미혼자, 부자와 가난한 자, 그 누구에게나 영향을 미친다.

용서하지 못한 마음은 말로 다 할 수 없는 수십 년에 걸친 범죄에 대한 것일 수 있고, 또는 상대적으로 별것 아닌 것처럼 보이지만 그럼에도 깊은 상처를 준 모욕과 상처에 대한 반응일 수도 있다.

나는 용서하지 못한 마음이 결혼 생활, 교회, 직장 및 목회에 큰 피해를 주는 것을 보았다. 이 마음 때문에 오랜 우정에 금이 가는 것도 보았다.

크리스 브라운스(Chris Brauns) 목사는 『위대한 용서』(Unpacking Forgiveness)라는 책의 서론에서 이렇게 말한다. "교회에서 나는 용서와 관련한 복잡한 문제로 많은 사람과 상담하며 참으로 많은 시간을 보냈다. 이 책을 쓰고 있던 어느 날, 나는 마음이 상한 두 명의 여성을 만나 그들의 이야기를 들었다. 나는 테이블 건너편에 앉아 그들과 함께 아파하며 기도했다. 마스카라와 눈물로 젖은 휴지가 계속 쌓여 갔다. 지난 세월을 돌이켜 볼 때 나는 피곤하고 상처받은 수많은 사람의 모습을 떠올릴 수 있다."4) 간단히 말해, 용서의 문제는 '큰' 문제다.

이 글을 읽는 순간에도 당신 안에서 분노가 타오르고 있을지 모른다. 아니면 무지근한 통증과 같은 분노일 수도 있다. 어쩌면 그 분함이 너무 익숙해지고 습관처럼 되어서 그것 없이 사는 삶이 어떤 것이었는지 기억조차 못 할지도 모른다. 아니면 그 분함이 너무 미묘하게 위장하고 있어서 그것이 무엇인지조차 인식하지 못할 수 있다. 어찌 되었든, 당신은 그 길로 가지 않아도 된다. 용서를 선택하면 당신은 자유로운 삶의 여정으로 돌아오게 될 것이다.

히브리서 저자는 "너희는 하나님의 은혜에 이르지 못하는 자가 없도록 하고 또 쓴 뿌리가 나서 괴롭게 하여 많은 사람이 이로 말미암아 더럽게 되지 않게 하며"(히 12:15)라고 말했다.

하나님의 감동으로 된 이 말씀은 "…없도록 하고"라고 말한다. 이 말씀을 지키려고 하면 내가 냉담한 사람으로 여겨지고, 무감각하거나 단순한 사람으로 인식될 위험이 있다는 것을 알고 있다. 나의 간절한 기도는 이 말씀을 읽는 모든 사람이 "하나님의 은혜"를 얻어, 마음과 감정의 감옥에 감금하여 놓았던 모든 인질을 석방하고, 그렇게 함으로써 자유롭게 되는 것이다.

　용서는 당신을 위한 하나님의 계획이다. 용서는 하나님이 당신을 위해 마련하신 최고의 선물이다. 그리고 용서는 당신을 위한 하나님의 뜻이다.

　용서를 선택하라.

01
상처 입은 삶

마음에 상처를 받아 본 적 없는 사람은
용서하는 것에 대해 그럴듯하게 말한다.
그러나 상처를 입으면
우리는 하나님의 은혜 없이는
사람이 다른 사람을 용서하는 것이
가능하지 않다는 것을 안다.

오스왈드 챔버스(Oswald Chambers)

이 책을 쓰고 있을 때, 한 친구가 내게 이런 말을 했다. "나는 정말 이 주제와는 거리가 멀어. 용서하지 못하는 마음이나 앙심 때문에 힘들어한 적이 없거든."

몇몇 소수의 사람들은 그럴 수 있을지도 모른다. 하지만 내가 알게 된 사실은, 그들이 알든 모르든, 용서하지 못하는 것은 사실 '대부분'의 사람들에게 매우 실제적인 문제라는 것이다. 거의 모든 사람에게 그들이 용서하지 못하는 누군가(또는 어떤 사건)가 있다.

나는 그 사실을 계속해서 확인했다. 수년 동안, 나는 이 주제에 대해 강연할 때마다 성경적 관점에서 용서를 정의하고 묘사한 후 청중에게 이런 질문을 던졌다. "여러분의 마음속에 과거든 현재든 절대로 용서하지 못하는 사람들이 있고, 그래서 여러분 마음에 쓴 뿌리가 있다는 것을 정직하게 인정하는 사람이 있나요?"

나는 믿음을 가진 지 오래된 신자들과 성경 공부 지도자들, 그리고 교회 사역자들을 포함한 수만 명의 사람들에게 이 질문을 던졌다. 장소가 어디든, 청중이 누구든, 상관하지 않고 물었다. 그때마다 사실상 거의 모든 경우에 80-95퍼센트의 사람들이 손을 들었다.

이 사실은 매주 교회에 앉아 있는 대다수가(그리고 교회에서 시험당해 교회를 다니지 않는 많은 사람이) 그들의 마음에 거대한 앙심은 아닐지라도 용서하지 않는 불씨를 가지고 있음을 뜻한다.

수많은 경우, 치켜든 그들의 손은 여전히 상처 입고 여전히 피 흘리는 그들의 마음을 드러낸다. 그들은 여전히 고통받고 있고, 여전히 폭언을 듣고 있다. 지금도 범죄를 보고 있고, 아직 그 힘든 사건을 극복하지 못하고 있다.

또한 그들의 손은 상처로 마비된 그들의 마음을 드러낸다. 그들은 다시는 마음에 상처를 입지 않기 위해 마음에 담을 쌓고 무관심하거나 모르는 척한다.

공중에 들려진 그들의 손 뒤에 어떤 사연이 있든지 간에, 나는 하나님의 백성도 용서하지 못하는 마음이 있다는 것을 확인했다. 즉, 용서하지 않는 마음은 신자들에게 예외가 아니라 '일반적'이었다. 그들은 용서하지 않는 마음을 품고 그럭저럭 사는 법을 배웠을지도 모른다. 그들은 아마도 '잘 대응하고' 있을지도 모른다. 용서하지 못한 마음을 웃음으로 가리거나 바쁜 삶으로 묻어 버릴지도 모른다. 하지만 하나님과 자기 자신에게 솔직해지면, 그들은 자신이 자유를 누리지 못하고 있다는 것을 안다.

나는 용서를 주제로 한 책과 자료가 많다는 것을 잘 안다. 하지만 계속해서 많은 손이 들려지는 것을 본다. 그들은 당신과 다를 바 없는 사람들이다. 나는 그들의 눈을 기억하며 고통과 혹사를 당한 마음들로부터 들은 이야기를 계속 생각한다. 더 중요한 것은, 일단 그들이 용서의 길을 택하고 그들의 벽이 허물어져서 상처와 비통의 감옥에서 해방되면, 그들의 삶이 얼마나 달라질 수 있을지 계속 생각하게 된다는 것이다.

깊이 파묻힌 삶의 조각들

우리는 실제적인 고통을 인정하지 않고는 용서를 이야기할 수 없다. 상처받은 일이 없다면 용서할 필요가 없기 때문이다.

참으로, 우리는 상처 입은 사람들로 가득한 시대를 살아가고 있다. 상처 입은 사람들은 다른 사람들에게 상처 주는 경향이 있다(숲에서 가장 위험한 동물은 상처 입은 동물이라는 이야기를 들어 보았을 것이다). 이 시대의 모든 폭력 사건과 비정상적인 사건을 둘러보라. 운전 중에 분노하는 사건부터 인종 차별에 대한 시위와 폭동까지, 정말 많은 사건이 터지고 있다. 평화로운 시위가 들끓는 폭동으로 변하고 있으며, 아이들이 총을 들고 학교에 가서 사람들을 향해 총을 겨누는 일도 일어나고 있다. 이 모든 사건이 왜 발생하는가? 대부분 이러한 사건은 품고 있던 상처와 끓어오르던 앙심이 분노, 증오, 복수심, 폭력으로 변하면서 발생하는 결과다.

내가 상처를 언급할 때, 당신의 마음에는 무엇이 떠오르는가?

당신은 어린 시절에 성폭행을 당하면서도 아무 말도 못 했을 수 있다. 그 일은 당신이 믿었던 형제, 친척, 또는 나이가 더 많은 친구가 저지른 일일 수 있다. 어쩌면 당신 아버지가 뒤틀린 욕망을 풀려고 당신을 이용했을 수도 있다. 당신은 그 사건과 관련한 끝없는 기억과 수치, 분노를 극복해 보려고 여전히 노력하고 있을지 모른다.

어쩌면 그 상처는 신체적인 것은 아니지만 당신의 여린 감정과 마음을 심각하게 상하게 한 것일 수도 있다. 당신이 비정상적인 가정에서 자라났다면 어릴 때 받은 상처는 당신의 거의 모든 관계를 복잡하고 힘들게 만들었을 수도 있다. 당신은 당신 삶을 비참하게 만든 어머니나 아버지, 혹은 조부모님 등 그가 누구였든지 간에 그를 비난하는 일을 아직 멈추지 않았을지도 모른다.

그 상처는 항상 마음이 멀리 있고 말이 없는 당신의 남편, 당신에게 관심이 없고 당신을 주기적으로 잊거나 무시하는 바로 그 남편에게서 온 것일 수도 있다.

그 상처는 당신이 중요한 일 또는 사소한 일로 가족 중 자매 또는 형제와 다투며 생긴 것일 수 있다. 그 일로 가족 관계가 멀어져서 거의 모든 명절이나 가족 모임이 어색한 집안일이 되어 버렸고, 당신이 어느 한쪽 편을 들거나 모욕을 견뎌야 하는 일들이 쌓이게 되었을 수 있다.

당신 마음에 지워지지 않는 상처를 남긴 사람은 당신이 일하는 회사에서 당신을 가치 없는 사람으로 몰아가며 소외감을 느끼게 만든 새로운 관리자일 수도 있다. 어쩌면 당신에게 상처를 남긴 사람은 당신 딸의 삶에 고통을 가져다주었거나 당신과 손주들과의 관계를 갈라놓은 당신의 사위일지도 모른다. 또는 교회를 성역이 아닌 연애 드라마 장으로 만들더니 결국 당신을 유혹하여 불륜을 저지르고 당신의 모든 관계를 무너뜨린 목사일 수도 있다. 아니면 어떻게든 당신의 결혼 생활에 끼어들더니 당신의 가정을 무너뜨린 '그 여자'일 수도 있다. 당신은 남편과 그 여자에게 분노와 원망을 느끼면서 당신의 생각과 삶의 태도, 그리고 일상에 큰 변화를 갖게 되었을지도 모른다.

아니면 이런 유형의 것들이 아니더라도 어떤 사건 또는 누군가가 당신에게 지워지지 않는 상처를 남길 수 있다. 어떤 고통스러운 사건이 자주 머릿속에 떠오르면서 걷잡을 수 없는 감정을 불러일으킬 수도 있다.

그 사건은 당신에게 종종 매듭에 묶여 있는 느낌과 번민을 남긴다. 당신은 상반되는 두 감정이 갑자기 끓어오르는 것 때문에 속으로 전쟁을 치르곤 한다.

그 사건은 당신이 예배 가운데 하나님과의 관계에서 경험하던 즐거움과 자유를 앗아 갔다. 당신은 그런 즐거움과 자유를 잃었다. 하나님을 잃었다. 그 사건은 위험스러운 정도의 고열을 발하지는 않지만, 저열의 상태로 항상 당신 주변에 있다! 그 사건은 당신의 삶에서 '정상'이라는 단어가 의미하던 모든 것을 앗아 갔다.

질문은 이것이다. "과거와 현재의 상처들이 당신의 성품과 일상,

삶의 목표에 영향을 끼치는가? 상처의 추악한 잔여물이 현재 당신 삶의 전부가 되었는가?"

이 질문에 당신은 "아닙니다."라고 분명하게 말할 수 있는가?

당신이 알게 된다면

용서가 필요한 사건들은 우리가 살아가는 현장에서 발생한다. 그 사건들은 거의 무작위로 발생하며 경고 따위가 전혀 없다. 그런 일들은 다른 사람들이 경험한 것과 비슷할 수 있지만, 사건마다 종종 나름의 어려운 문제들을 제기한다.

예를 들면 이렇다.

그 문제가 단순히 과거의 오래된 상처가 아니라 현재에도 지속해서 상처를 주는 문제라면 당신은 어떻게 하겠는가? 당신에게 분노와 앙심을 품게 만드는 것이 아주 먼 기억이 아니라 (마치 어제 어떤 친구가 내게 알려 준 사건처럼) 계속해서 발생하는 일이라면 그 일을 어떻게 처리하겠는가?

당신이 그 사람을 용서하더라도 그가 당신에게 위험을 가져온다면 어떻게 당신 자신을(어쩌면 당신의 자녀들까지) 보호하겠는가?

매년 반복되는 기념일과 특정 날짜가 될 때마다 갑자기 어떤 광경과 소리와 회상이 떠오른다면 어떻게 하겠는가?

사랑하는 사람에게 어떤 사람이 해를 끼쳐 분노가 일어난다면 어떻게 하겠는가? 당신 아들이 학교에서 괴롭힘을 당하거나, 당신 딸이 다른 여자아이들에게 학대를 당한다면, 또는 당신 남편이 비양심적인 동료에게 배신을 당한다면, 당신 안에 있는 모성애가 터져 나오지 않겠는가?

축구장에서 당신의 흑인 아들에게 어떤 백인 소년이 인종 차별적인 비방을 내뱉는다면 어떻게 하겠는가? 그 소년을 어떻게 용서하겠는가? 그리고 이 문제 때문에 또 다른 복잡하고 고통스러운 균열이 과거 세대까지 거슬러 확장된다면 어떻게 하겠는가?

하나님이 당신 삶에 배우자로 보내 준 줄 알았던 그 남자가 결혼을 언급했지만 결국 당신을 가지고 놀다가 떠난다면 어떻게 하겠는가? 그 남자가 당신에게 남긴 피해를 어떻게 다루겠는가?

당신이 어떻게 생각하든 개의치 않고 아내가 다른 남자와 사귄다면 어떻게 하겠는가? 그러면서 아내가 완전히 다른 사람이 되어 버린다면 어떻게 하겠는가? 도대체 어디에서부터 그녀를 용서하기 시작해야 하겠는가?

다음과 같은 글을 쓴 사람에게 어떻게 대답하겠는가?

우리 가족에게 문제가 생겼습니다. 사랑이 있어야 하는 곳에 증오가 있습니다. 긍휼함이 있어야 하는 곳에 슬픔과 싸움과 말다툼이 있습니다.

이런 글에는 어떻게 대답하겠는가?

우리 가족을 위해 기도해 주시길 바랍니다. 저는 우리 가족의 분노와 용서하지 않는 마음과 증오 때문에 죽을 지경입니다.

참으로 이런 상황은 하나님만이 해결하실 수 있는 큰 상처들이다. 어떤 공식적인 처방의 답변으로도, 마술 지팡이로도 그것들을 원래대로 돌려놓지 못할 것이다. 우리는 한때 누렸던 삶으로 돌아가거나 우리가 바라는 삶으로 돌아가도록 만드는 '원위치' 버튼을 누를 수 없다.

이렇게 고통이 크고 상처가 깊으며 범죄가 명백할 때, 우리는 어떻게 용서할 수 있을까?

고통스러운 사실들

나는 먼저 기본적이고 명백한 사실 한 가지를 분명하게 한 후에 이러한 질문들을 분류하려 한다. 그 사실은 바로 '모든 사람이 상처를 입는다.'라는 것이다.

이것이 삶의 현실이다. 이 타락한 세상에서 고통은 피할 수 없다. 당신은 다른 사람들에게 상처받고, 악한 일을 당하고, 모독을 당할 것이다. 이를 피할 길은 없다.

예수님은 불안에 빠져 당황하는 제자들에게 "세상에서는 너희가 환난을 당하나 담대하라"(요 16:33)라고 말씀하셨다. 바울도 훗날 그의 후계자인 젊은 디모데에게 "무릇 그리스도 예수 안에서 경건하게 살고자 하는 자는 박해를 받으리라"(딤후 3:12)라고 미리 알려 주었다. 그러므로 고난은 우리가 특별히 경건한가 아닌가에 따라 찾아오는 것이 아니다. 순종은 그에 따른 영원한 복을 가져오지만, 어려움과 고통은 우리 중 최고의 신자들에게도 동일하게 찾아올 수 있고 또한 찾아올 것이다. 때로는 비그리스도인들보다 그리스도인들에게 더 많은 어려움과 고통이 임하기도 한다.

물론, 개개인의 경험은 세부적인 사건과 심각성에 있어서 각자 다를 것이다. 어떤 사람은 다른 사람들보다 훨씬 더 심한 고통을 겪을 것이다. 그러나 모든 사람이 인생 가운데 나름대로 여러 차례 고난을 겪는 것은 보편적이다. 우리는 분노와 용서할 수 없는 마음이 우리 안에 뿌리내리고 꽃피우도록 비옥한 토양을 제공하는 많은 상황을 마주하게 될 것이다.

이 사실은 명백하다. 거기에는 이견이 있을 수 없다. 그러나 나는 당신이 받아들이기 쉽지 않은 다음과 같은 관찰을 고려해 보라고 도전하고 싶다.

우리 삶의 결과는 우리에게 발생한 일에 의해 결정되는 것이 아니라 우리가 어떻게 반응하느냐에 의해 결정된다.

이해되는가? 당신과 나의 삶의 결과는(즉, 나의 성품, 나의 역할, 나의 개인적인 안녕, 우리의 장래, 우리의 관계, 우리의 유용성은) 궁극적으로 누군가가 우리에게 해를 가했거나 가할 수 있는 것에 의해 결정되지 않는다.

물론, 우리는 우리 삶의 배경을 이루는 상황에 '영향을 받을' 것이다. 그 상황들은 우리 마음에 홈을 내어 언제나 우리의 경험 일부로 남아 있을 것이다. 하지만 그 상황들이 아무리 끔찍하다고 해도, 우리 삶의 결과까지 '통제할' 힘을 가지고 있지는 않다.

자신의 행복과 안녕이 자신에게 발생하는 일에 의해 결정된다고 믿는 한, 우리는 항상 '희생자'가 될 것이다. 우리에게 발생하는 많은 일이 우리가 통제할 수 있는 일이 아니기 때문이다. 그런 관점에서는 희망이 없다. 우리는 결코 달라질 수 없고, 온전해질 수 없으며, 자유로울 수 없다. 크든 작든 (우리가 어떻게 대우받았고 어떻게 학대받았는지에 따라) 우리의 정체성을 희생자의 상태에 둘 때, 우리는 항상 우리 자신을 망가진 세상에서 문제 많은 사람이 될 수밖에 없는 손상된 상품으로 생각하게 될 것이다.

우리는 우리에게 발생하는 일들에 대해 아무런 선택권이 없다. 우리의 유일한 소망은 우리가 삶의 상황에 어떻게 '반응'할 것인가에 대한 선택권이 우리에게 있음을 깨닫는 데 있다. 그리고 우리 삶의 결과를 결정하는 것은 바로 그 반응들이다.

이 말이 당신에게 좋은 소식으로 들리지 않을지도 모른다. "당신은 다른 사람이 나에게 무슨 짓을 했든, 내가 어떻게 반응하는가에 대해 '내게' 책임이 있다고 말하는 것이군요? 그 말은 '내게' 또 다른 부담을 줍니다. 도대체 이 말이 어떻게 격려가 됩니까?"

하지만 당신이 다른 사람에게 받은 상처에 대한 반응으로 얼마만큼 마음의 감옥에 갇혀 있든지, 나는 당신이 이 진실을 받아들이는 것이 자유를 향한 여정의 출발점이라고 확신한다.

　우리가 하나님의 자녀로서 주님의 은혜가 모든 상황에 충분하고, 내주하시는 주님의 성령의 힘으로써 우리에게 죄지은 사람들에게 은혜와 용서로 응답할 능력이 있다는 것을 깨달을 때, 바로 그 시점부터 우리는 희생자가 아니다. 우리는 우리에게 무슨 일이 저질러졌든 간에 자유롭게 일어설 수 있고, 그 일을 통해 성장할 수 있으며, 상처를 주는 다른 사람들의 삶과 심지어 가해자들의 삶에도 은혜와 화해와 구원의 도구가 될 수 있다.

　그렇다. 우리가 자유를 택한다면 우리는 자유로울 수 있다.

마음에 두다

　삶의 상처와 부당한 일에 대한 경험에 대응하는 방법으로는 본질적으로 두 가지가 있다. 우리는 상처를 입을 때마다 이 두 가지 방법 중 하나를 택하여 반응하게 된다.

　첫째, 본성적인 반응은 '빚 독촉자'가 되는 것이다. 우리는 가해자가 그가 행한 일에 대가를 치르도록 하려고 나선다. 만족스러운 사과를 받을 때까지, 또는 우리가 바라는 적절한 벌금이 지급되었다고 판단할 때까지 가해자를 채무자의 감옥에 가두고 노골적으로 또는 은밀하게 보복한다. 우리는 그들의 범죄에 대해 그들을 처벌할 권리가 있다고 여긴다. 이런 반응은 원한과 보복의 길이다. 그들이 한 일에 대한 정확한 대가를 치르게 하는 것이다.

우리는 우리가 당한 그 해악의 문제를 정의롭고 구속적인 방법으로 완벽하게 처리할 수 있는 '유일하신' 그분, 즉 크고 강하신 하나님께 맡기기보다 그 상처를 붙잡고 놓지 않는다. 우리는 가해자를 인질로 잡는다(또는 우리 마음으로 그렇게 한다).

에서와 야곱을 생각해 보자. 야곱은 형 에서를 속여 장자권을 빼앗았다. 형통과 번영을 보장하는 장자권이 마침내 큰아들 에서의 손에 들어가기 직전, 마지막 순간에 어머니의 음모와 조작으로 에서는 아버지의 축복을 받을 수 있는 정당한 권한을 빼앗기고 말았다.

"그의 아버지가 야곱에게 축복한 그 축복으로 말미암아 에서가 야곱을 미워하여 심중에 이르기를 아버지를 곡할 때가 가까웠은즉 내가 내 아우 야곱을 죽이리라 하였더니"(창 27:41). 에서는 그 일을 마음에 두었고, 시간을 벌며 복수를 하려고 의도하고 있었다.

그러나 문제는 '빚 독촉자'가 되는 것이 범죄자를 채무자의 감옥에 가두는 일로 끝나지 않는다는 것이다. '우리' 역시 감옥에 갇힌다.

한 동료가 주님의 말씀을 따라 용서의 길을 택한 어떤 여성의 가슴 아픈 이야기를 내게 들려주었다. 수십 년 전, 이 여성이 어린 소녀였을 때다. 어느 날 그녀는 친구와 함께 마을의 보안관을 만나러 갔다. 보안관 사무실은 공교롭게도 마을 교도소와 같은 건물에 있었다. 그녀와 그녀의 친구는 보안관을 좋은 사람이라고 생각했다. 보안관 옷을 입고 배지를 찬, 그저 재미있고 멋진 친구라고 여겼다.

그날 오후쯤 그녀의 친구는 그녀를 보안관 사무실에 남겨 두고 밖으로 놀러 나갔다. 그녀는 보안관과 단둘이 있게 되었다. 그런데 갑

자기 보안관의 표정이 이상해졌고, 그녀는 불편함을 느끼기 시작했다. 분위기는 이상했고 긴장이 돌며 무서웠다. 그는 그녀에게 가까이 다가오더니 그의 뒤에 있는 쇠창살을 가리키며 "만약 지금 내가 하는 일을 너희 부모에게 말하면 너를 저 감옥에 처넣을 거야."라고 속삭였다.

그러면서 그는 그녀를 성추행하기 시작했다.

오랜 세월이 흘러 성인이 된 그녀는 결국 그날의 사건을 터뜨렸다. 그녀는 믿을 만한 친구라고 여겼던 그 남자가 자신의 어린 시절의 순수함을 어떻게 산산조각 냈는지 다 털어놓았다. 그녀는 그 보안관이 엄마, 아빠에게 신고하면 감옥에 가둘 것이라고 했던 일을 떠올리며 이렇게 말했다. "나는 그날 '그를' 내 마음의 감옥에 넣었고, 지금까지 그 감옥에 그를 가두어 두었다는 사실을 이제 깨닫게 되었습니다."

하나님이 마침내 그녀의 눈을 열어 주셔서 용서하지 못한 마음이 실제로 그녀에게(그리고 그녀의 결혼에) 어떤 영향을 끼쳤는지 보게 하셨을 때 그녀는 깨달았다. 수십년 전 그날, 그녀는 그 감옥에 '그녀 자신'을 가두었던 것이다. 그 남자는 오래전에 죽었지만, 그녀의 용서하지 못한 마음과 비통은 그 오랜 세월 동안 그녀를 그녀 스스로 만들어 놓은 감옥에 가두어 두었다.

직권을 가진 인물에게 이용당한 것이 그녀의 잘못이었을까? 당연히 아니다. 절대 그럴 수 없다. 하지만 그녀의 용서하지 못한 마음 때문에 누가 가장 상처를 받았는가? 그리고 그녀는 다른 사람이 저지른 범죄 때문에 왜 '감옥'에 갇혀야 했던 것일까?

빚을 독촉하는 것은 죄인 된 우리 인간이 해를 입거나, 학대를 당하거나, 모독을 당했을 때 보이는 자연스러운 반응이다. 그러나 그런 반응은 변함없이 더 깊은 고통과 원망, 그리고 속박의 쓴 열매를 맺는다.

'그러나 다른 길이 있다.' 더 나은 길이 있다. 바로 하나님의 길이다.

놓아주다

빚 독촉자가 되는 것, 즉 원망과 보복의 길로 가지 않기 위한 대안으로 하나님은 우리를 순수하고 강력한 용서의 길로 부르신다. 가능하기만 하면 어떻게든 회복과 화해의 길을 택하라고 부르신다.

사실, 이것은 성경에서 선택 사항으로 제시되어 있지 않다. 바울은 골로새서 3장 13절에서 "서로 용납하여 피차 용서하되 주께서 너희를 용서하신 것같이 너희도 그리하고"라고 썼다. 거기에는 회색 영역이나 흔들릴 공간이 많지 않다.

주님도 마찬가지로 분명하고 직설적으로 말씀하셨다. "서서 기도할 때에 아무에게나 혐의가 있거든 용서하라"(막 11:25). 우리는 "아무에게나 [어떤] 혐의가 있거든" 용서해야 한다. 그것은 기본 원칙이다. 큰 범죄도 용서에서 예외가 되지 않으며, 어떤 범죄자도 우리의 용서 범주에서 벗어나지 못한다. 하나님과 교제하려면 용서가 필요하며 꼭 그렇게 해야 한다.

그러므로 성도인 우리가 고집을 부리며 용서하지 않는다면, 그것은 불순종에 해당하기 때문에 마음이 힘들 수밖에 없다. 용서는 오직 뛰어난 그리스도인에게나 기대할 수 있는, 해도 되고 안 해도 되는 선택사항이 아니다.

그렇다. 용서는 자연스럽지 않다. 그것은 초자연적이다. 때때로 용서는 거의 믿어지지 않는 일이다.

내 친구 하이디(Heidi)의 어머니가 의료 실수로 목숨을 잃었을 때의 일이다. 당시 수술을 담당했던 의사가 어떤 일이 있었는지 말해 주었다. 하이디의 어머니는 가슴 통증으로 병원으로 급히 옮겨졌고, 검사 결과 가벼운 심장 마비로 나타났다. 그녀는 이 결과를 알고 눈에 띄게 밝아졌지만 무척 긴장하고 있었다. 몇몇 의사들이 모여서 신속히 회의와 평가를 거친 후, 혈관 성형술이 그녀의 막힌 동맥을 뚫는 가장 좋은 방법이라고 판단했다.

하이디의 어머니는 즉시 수술에 들어갔다. 모두 그녀가 괜찮을 것이라고 기대했다.

하지만 담당 의사가 수술 중에 풍선 기구를 너무 빨리 부풀리는 바람에 돌이킬 수 없는 일이 벌어졌다. 하이디 어머니의 심장이 회복될 수 없을 정도로 크게 망가진 것이다. 그녀는 곧 혼수상태에 빠졌다. 그리고 3시간 후 사망하고 말았다.

하이디의 아버지는 비통에 잠겼다. 42년 동안 그 누구보다 가장 강렬한 사랑과 충절로 소중히 여겨 왔던 아내가 외과 의사의 실수로 한순간에 목숨을 잃은 것이다.

그날 이후의 시간은 하이디에게 무척이나 견디기 힘든 고통스러운 나날들이었다. 친절하고 온화했던 아버지는 분노와 슬픔, 절망의 회오리로 빠져들고 있었다. 복수! 견딜 수 없는 분노와 달랠 수 없는 상심에 시달리던 그는 결국 '그 병원을 무너뜨리겠다!'라고 다짐했다. 그는 아내의 치료를 맡았던 의사들과 행정 담당자들을 만나게 해 달라고 병원 측에 요구했다. 그는 그들을 곧 만나면, 가진 것을 다 잃도록 그들을 고소하고 그들이 평생 고통받는 것을 보며 살겠노라고 그들 앞에서 맹세하려 했다.

병원 직원들과 의사들은 하이디 아버지와의 만남을 앞두고 그에게 어떤 말을 들을지 근심하며 벌벌 떨었다. 그들은 아무런 대책도 마련할 수 없었다.

병원으로 가는 길에, 하이디의 아버지는 분노와 앙심의 감옥에서 벗어나려면 하나님이 그를 용서해 주신 것처럼 그도 그 병원 사람들을 용서해야 한다는 사실을 깨닫기 시작했다.

하이디의 아버지는 그날 병원 회의실 문을 열고 들어와서, 그의 소중한 아내를 의료 과실로 죽게 한 의사에게 손을 뻗으며 이렇게 말했다. "내 남은 인생을 평안 가운데 살 수 있는 유일한 방법은 당신을 용서하는 것입니다."

회의실에 앉아 있던 사람들 모두 어안이 벙벙했다. 담당 의사는 그 자리에서 울기 시작했다. 그는 보복의 권리를 포기한 하이디 아버지의 손을 꼭 붙들고 한참 동안 놓지 못했다.

두 사람은 그날 자유인이 되어 회의실을 걸어 나갔다. 무엇보다 용서를 실행함으로 보복의 권리를 내려놓은 하이디의 아버지가 가장 큰 자유를 얻어 나갔을 것이다.

독을 마시는 것 같은

다시 말하지만, 용서는 절대 쉽지 않다. 여기에는 의문의 여지가 없다. 용서는 생각하기조차 어려운 일이다. 한 번 용서하기도 어려운데 계속 용서하는 것은 얼마나 더 힘든 일이겠는가? 하지만 우리가 상처받은 상황에서 어떻게든 멀리 물러설 수 있고, 그래서 그 상처를 더욱 분명하게 볼 수 있다면, 또한 어디를 가든, 무엇을 하든 그 상처와 흉터가 더는 우리를 아프게 하지 않는다면, 우리는 어떤 중요한 사실을 깨닫게 될 것이다.

그것은 바로 용서하지 않는 것이 상황을 더 악화시킬 뿐이라는 사실이다.

루디 톰자노비치(Rudy Tomjanovich)는 네 번이나 NBA 올스타에 선정된 유명한 농구 선수였다. 그는 1977년에 또 다른 수상 시즌에 참가할 것으로 보였다. 그해는 그가 속한 휴스턴 로키츠(Houston Rockets)팀이 우승에 도전할 만반의 준비가 된 해이기도 했다.

12월 9일 밤, 로키츠팀은 LA 레이커스(LA Lakers)팀과 경기하기 위해 로스앤젤레스의 경기장에 있었다. 점수는 동점이었고, 후반전은 미드 코트 근처에서 두 선수 사이에 몸싸움이 벌어지면서 시작되었다. 루디는 다소 떨어진 거리에서 그 몸싸움을 알아채고 팀 동료의 수비를 돕기 위해 전력을 다해 뛰기 시작했다.

몸싸움에 참여한 선수 중 한 명인 커밋 워싱턴(Kermit Washington)은 빨간 옷을 입은 루디가 그의 뒤로 빠르게 달려오는 것을 보았다. 그는 뒤로 돌면서 주먹으로 루디의 얼굴을 강타했다. 이에 루디는 뒤로 넘어지면서 뒤통수를 바닥에 세게 부딪혔다.

지금은 열렬한 농구 팬들에게 단지 '펀치'로만 알려진 사건이지만, 당시 루디는 몇 초 동안 움직이지 못하고 바닥에 완전히 쓰러져 있었다. 의사들의 말로는, 전속력으로 돌진하는 루디를 강타한 이 '펀치'는 사실상 한 쌍의 기관차가 최고 속도로 서로 충돌할 때 일어나는 충격과 같다고 했다. 루디의 부상은 시속 80킬로미터로 달려오는 차의 유리창에 부딪혔을 때 입는 부상과 비슷했다.

루디는 단순히 코피가 난 것이 아니었다(사실, 그의 아내는 누군가가 그녀의 남편이 단지 코가 부러진 것이라고 말하면 지금도 화를 낸다. 그녀는 "그의 얼굴에서 유일하게 부러지지 않은 곳은 코밖에 없어요."라고 말한다). 그의 머리뼈 전체가 어긋났다. 턱도 어긋나서 제대로 맞지 않았다. 심지어 그의 눈물관도 손상되었다.

그는 거의 죽음에 가까웠다.

다섯 번의 성형 수술 후, 루디는 다음 시즌에 참가하여 그가 사랑했던 게임을 하고자 했다. 그러나 그 사건이 있기 전의 성과에는 이를 수 없었다. 그는 자신의 기량이 손상되었다는 것을 깨닫고는 곧바로 은퇴했다. 단지 경기 일수를 조금 더 늘리기 위해 그의 가족을 다른 도시로 이주시키고 싶지는 않았다.

그 끔찍한 사건은 아무런 경고도 없이 눈 깜짝할 사이에 벌어졌다.

한때 그가 생각하는 '정상적인 삶'은 프로 선수의 삶이었다. 하지만 그 사건 이후 그의 일상은 생사를 확신할 수 없는 상태로 계속 중환자실에 누워 있어야 하는 삶이 되었다.

그가 중환자실에 있게 된 것은 정말로 의도적인 일이 아니었다. 어떤 사건이 촉발되면서 그의 삶이 통제할 수 없는 상황으로 변한 것이었다. 이런 일은 비일비재하다. 당신도 이처럼 당신 삶에서 분노가 치미는 일을 겪은 적이 있는가? 그때 결국 분통을 터뜨렸다가 큰 상처를 입지는 않았는가? 만약 그랬다면 돌이킬 방법이 없었을 것이다. 분노로 내뱉은 말과 그로 인해 발생한 일이 당신 삶을 영원히 바꾸어 버렸을 수도 있다.

하지만 루디는 그렇게 반응하지 않았다. 그에게 펀치를 날려 그의 선수 생활을 망친 커밋 워싱턴을 용서했느냐는 질문에 루디는 이렇게 대답했다. "누군가 내게 커밋을 미워하는 것은 마치 독을 마신 상태에서 다른 사람이 죽기를 바라는 것과 같다고 말한 적이 있어요. 나는 항상 그 말을 기억하려고 노력해 왔습니다."[1]

마치 독을 마신 상태에서 다른 사람이 죽기를 바라는 것! 이 말은 용서하지 않은 마음이 어떠한 것인지 깊이 와닿게 하는 강력한 표현이다. 비록 미움이 옳고 정당한 것이라고 느껴지고, 우리에게 남은 유일한 선택지처럼 보일지라도, 그것은 그 독을 마시는 사람에게 파괴적이고 치명적일 뿐이다. 우리가 가해자에게 고통을 주기 위해 사용하는 그 무기는 결국 우리 자신을 향하는 칼이 되어 돌아온다. 그리고 우리에게 상처를 준 사람보다 우리 자신에게, 또 우리를 사랑하는 사람들에게 훨씬 더 큰 피해를 준다.

자유를 찾아서

나는 용서로 가는 이 여정이 건드리기 힘든 영역, 즉 당신 삶의 예민한 부분을 파헤칠 것을 알고 있다. 그러나 나는 또한 이러한 상처들을 다루는 우리의 본성적인 대처 방법이 그 상처들을 더 아프게 하고 염증이 나게 한다는 것을 잘 알고 있다.

용서는 하나님의 방법이다. 용서는 우리가 직면할 수밖에 없는 문제들로부터 치유와 구원의 소망을 제시한다. 이것은 오직 하나님만의 방법이다.

예수님이 "진리를 알지니 진리가 너희를 자유롭게 하리라"(요 8:32)라고 말씀하신 것은 괜한 약속이나 희망 사항이 아니다. 용서를 선택하고 그분의 진리 안에 거하는 것, 이것은 하나님이 규정하신 여정, 곧 자유로 향하는 길이다.

오직 이 여정을 걷는 사람들만이 자유를 얻게 될 것이다.

적·용·하·기

1. 당신 삶이 불행해진 데 대해 당신이 특히 탓하는 사람이나 상황이 있는가? 그 사람이나 상황에 대한 반응이 어떠해야 당신이 자유로울 수 있겠는가?

2. 당신에게 잘못을 저지르고 상처를 준 사람에게 여전히 그 대가를 치르게 하고 있지

는 않은가? 대가를 치르게 하려고 그에게 어떻게 했는가? 그 사람을 놓아주지 못하고 용서하지 못하는 이유는 무엇인가?

3. 당신에게 상처를 준 사람을 용서하지 않고 그에게 보복하거나 분개했을 때 그 결과는 어땠는가? 당신과 그 사람과의 관계에 어떤 영향을 끼쳤는가? 용서하지 않은 후 당신은 어떻게 변했는가? 용서하지 않은 사실은 당신과 하나님과의 관계에 어떤 영향을 끼쳤는가?

02
용서를
거부할 때

우리가 원한을 내려놓지 않을 때
우리는 암암리에 우리의 공격자에게
우리 마음을 주장할 권한을 내주는 것이고,
이에 우리는 분노의 노예가 된다.
우리가 만든 이 감옥은 우리를
주님에게서 멀어지게 한다.
왜냐하면 우리는 앙심을 붙든 상태에서
하나님을 붙들 수 없기 때문이다.

바니타 렌달 리스너(Vaneetha Rendall Risner)

상처받은 마음은 강렬한 감정을 경험한다. 지금은 교회 집사가 된 어떤 분이 소년 시절의 경험을 편지로 써서 우리 사역 센터에 보내 왔다. 그의 가슴 아픈 편지는 이런 감정이 얼마나 강렬하고, 얼마나 오래 지속되며, 삶에 얼마나 지대한 영향을 끼치는지 생생하게 보여 준다. 또한 그의 편지는 마음에 상처를 입은 사람들이 때때로 고통을 다루기 위해 얼마나 엄청난 노력을 기울이는지 보여 준다.

나의 아버지는 내가 두 살 때 우리 가정을 떠났습니다. 나는 아버지를 간절히 원했습니다. 나를 떠난 아버지가 너무 싫었습니다. 나는 아버지가 너무 미워서 그가 죽기를 바랐고 지옥에 떨어지기를 바랐습니다.
나는 산에서 자라났습니다. 산악 마을에는 미신이 많았습니다. 사람들은 "만약 네가 나무에 못을 박고 사람의 이름을 말하면, 그 사람은 죽을 것이다."라고 말했습니다.

내가 자란 곳 근처에는 큰 소나무가 있었습니다. 나는 매일 그 소나무에 가서 못을 박으며 아버지의 이름을 말했습니다. 나는 그 나무에 얼마나 많은 못을 박았는지 모릅니다. 하지만 아버지는 죽지 않았습니다. 나는 그가 너무 미웠습니다.

내가 아버지에게 가지고 있던 증오는 나의 첫 번째 결혼을 망쳐 놓았고, 두 번째 결혼도 위협하고 있습니다. 나는 껍데기 같은 사람입니다. 나는 누구와도 진지하게 가까운 관계를 맺지 못합니다.

나는 이 책을 쓰면서 이 편지를 쓴 사람과 비슷한 상태에 있는 독자들에게 큰 부담을 갖게 되었다. 증오와 비통함이 그들의 삶과 대인 관계를 파괴하고 있으며, 그들도 이 사실을 알고 있다. 하지만 어떤 이유인지 그들은 앙심을 내려놓을 마음이 없고, 가해자들을 용서할 마음도 없다. 또 그럴 수 없다고 느낀다.

내가 부담을 느끼는 또 다른 그룹이 있다. 훨씬 많은 사람이 이 그룹에 해당할 것이다. 그들은 자신들이 앙심을 품고 있다고 생각하지 않으며 용서를 못 하는 사람이라고 생각하지 않는다. 그들은 누군가가 죽기를 바라며 나무에 못을 박는 그런 사람들은 아니다. 하지만 만약 성령님이 그들의 마음을 여시면, 그들은 자신의 마음에 뿌리내리고 있는 앙심의 씨앗을 발견할 것이다.

우리의 치료 문화에서 '마음이 상했다'거나 '상처를 입었다'는 사실을 인정하는 것은 널리 받아들여지고 있다. 이는 우리에게 가해진 잘못에 초점을 맞춘 말이다. 하지만 그 상처를 용서하지 못하는 마음과 앙심으로 '확대한'(더 나은 단어는 아마도 '심화한'일 것이다) 당사자에 대한 책임은 거의 인정하지 않는다.

우리 사회는 원한과 앙심으로 너무나 가득 차 있어서 우리는 그것을 정상적인 반응이라고 생각한다. 미국에서는 매일 수만 건의 새로운 소송이 제기되고 있다. 1년으로 치면 수백만 건이다! 자신의 앙심을 소송으로 가져가지 않거나 폭력적인 범죄 및 중독으로 나타내지 않는 사람들은 종종 더 미묘한 형태의 반응을 하며 살아간다. 그것은 말 없는 불신, 불안감, 이유 없는 두려움, 언짢은 표정과 무관심, 강박적인 동요와 초조함 등이다.

당신의 삶에서 상처가 앙심으로 변한 것을 어떻게 알 수 있는가? 당신은 나에게 글을 쓴 조지아주의 젊은 여성과 같을지도 모르겠다. 그 여성은 부모의 이혼에 대해 앙심을 품게 되었다. 그녀는 말했다. "사람들은 항상 나에게 말했어요. 내가 매우 상냥하고 항상 미소 짓고 있다고 말이지요. 하지만 내 마음속 깊은 곳에는 여러 가지 일에 대한 앙심과 분노가 자리 잡고 있었어요. 이제 나는 그 사실을 알게 되었고, 그것을 없애고 싶어요."

우리는 종종 앙심을 품고 있으면서도 깨닫지 못할 때가 있다. 당신이 '앙심을 품고 있는지 알아내는 방법'은 무엇인가? 우선, 다음 진술 중 당신과 관련된 것이 있는지 살펴보라.

- 나는 나를 아프게 했던 그 사건(들)을 종종 마음속에 떠올린다.
- 특정한 사람이나 상황을 생각하면 여전히 화가 난다.
- 나에게 많은 고통을 주었던 그 사람, 그 사건, 그 상황에 대해 생각하지 않으려고 무척 노력한다.
- 나는 그 사람이 나에게 한 짓에 대해 대가를 치르는 것을 보고 싶은 미묘하고 은밀한 욕구가 있다.
- 내 마음 깊은 곳에는 나를 아프게 한 그 사람에게 나쁜 일이 일어나기를 바라는 마음이 있다.
- 나는 이 사람이 나에게 어떤 상처를 주었는지 다른 사람들에게 종종 말하는 나 자신을 발견한다.
- 내가 나누는 대화의 많은 부분이 그때의 상황을 맴돌곤 한다.
- 그 사람의 이름이 나올 때마다, 나는 그 사람에 대한 좋은 면보다 부정적인 면을 말한다.

이러한 생각들은 우리 마음속에 있는 분노와 용서하지 않은 마음을 드러낸다. 우리가 자신에게 절대로 해당하지 않는다고 여기던 무언가가 우리 안에 있다는 것을 보게 한다.

얼마나 나쁜 영향을 끼치는가?

내 의도는 당신에게 죄책감을 주거나, 이미 상처와 여러 감정으로 가득 찬 상황에 추가적인 책임을 지우려는 것이 아니다. 다만 우리가 자유로워지고 싶다면, 무엇보다 먼저 용서하지 않는 마음이 우리 삶에 얼마나 깊은 영향을 끼치는지 인식해야 한다고 말하려는 것이다. 우리는 용서하지 않는 마음이 어떤 피해를 초래했는지(그리고 초래할 수 있는지) 인식해야 한다. 또한, 용서하지 않는 마음이 우리가 당한 죄악과 마찬가지로 또 하나의 죄라는 사실을 알고 그 죄를 다루어야 한다. 그 죄는 상대방이 내게 저지른 죄보다 더 나쁜 죄는 아니다. 하지만 그보다 덜하지 않은 것도 분명하다.

우리 대부분은 어떤 죄가 우리 마음속에 자리 잡을 기회를 얻었을 때, 그 죄가 마음속 한 귀퉁이에 가만히 머물지 않는다는 것을 경험으로 알고 있다. 우리가 만약 자백하고 회개하지 않는다면, 조만간 그 죄는 우리의 전인, 즉 우리의 신체적, 정서적 안정과 태도, 그리고 사고방식에까지 영향을 미칠 것이다.

용서하지 않는 죄도 전혀 다르지 않다. 우리가 하나님의 방법으로 상처를 다루지 않고 마음에 원한을 품는다면, 그 앙심은 마치 감염되듯 곪으면서 우리 마음의 체계를 무너뜨릴 것이다. 그래서 궁극적으로 우리는 모든 것(다른 사람들이 하는 모든 것, 우리에게 발생하는 모든 것)을 상처 입은 입장에서 바라보기 시작할 것이다.

그러므로 나는 하나님의 말씀을 가져와서 이 주제 및 당신이 겪었을 수 있는 고통스러운 상황에 적용하려고 한다. 나는 당신에게 부담을 가중하는 것이 아니라 당신이 더 큰 고통을 당하지 않도록 돕고 싶다. 말씀에 순종함으로써 당신이 축복과 자유와 변화를 누리길 바란다.

이제 앙심이 실제로 무엇인지, 앙심이 어떤 결과를 가져오는지 좀 더 살펴보자. 그리고 무엇보다 위대하신 우리 하나님의 능력과 은혜로 어떻게 앙심을 극복할 수 있는지 찾아보자.

앙심의 쓰라린 맛

우리 대부분은 에베소서 4장에 나오는 사도 바울의 권면을 잘 알고 있다. "너희는 모든 악독과 노함과 분냄과 떠드는 것과 비방하는 것을 모든 악의와 함께 버리고"(31절). 우리는 그다음 구절, "서로 친절하게 하며 불쌍히 여기며 서로 용서하기를"(32절)에 표현된 상대적인 면은 나중에 살펴볼 것이다. 먼저 우리가 버려야 할 것이 무엇인지에 집중하자.

신약성경에서 "악독"으로 번역된 헬라어 단어는 어근 '픽'(pik)에서 유래했다. 말 그대로 찌르거나 자른다는 뜻이다. '픽'은 날카롭거나 뾰족한 물체, 혹은 쓰리고 날카로운 맛을 의미한다. 비유적으로 사용되는 이 헬라어 단어는 '어려움을 겪을 때 생길 수 있는 화난 상태 및 분개하는 마음 상태'를 묘사한다.[1]

이제 바울이 이 구절에 포함한 다른 단어들을 보자. 그 단어들은 "악독"의 주변을 맴도는 여러 유형의 행동과 태도다.

- 노함과 분냄—아픈 자극이나 압력을 가하면 격렬해지는 원망, 적대감, 분노로서, 여름 폭풍우의 홍수처럼 순식간에 넘쳐날 수 있다.

- 떠드는 것과 비방하는 것(또는 악의적인 말)—분이 걷잡을 수 없이 터져 나오는 것, 그리고 다른 사람의 평판이 나빠지기를 바라며 보복의 말, 비하의 말, 부정적인 말을 하는 것을 뜻한다.
- 악의—자기 마음의 악독한 생각과 감정을 나타내면서 가해자에게 고통을 주고자 하는 고의적인 욕망, 가해자의 약점을 미리 알아내어 계획적으로 공격하는 행위를 뜻한다.

이러한 것들 가운데 당신 마음에 자리 잡은 것이 있는가?

우리 마음의 악독은 우리의 말과 억양에서 나타날 수밖에 없다. 예를 들어, 로마서 3장 14절을 보면 "그 입에는 저주와 악독이 가득하고"라고 하여 '저주'와 '악독'이 함께 나타난다. 이 둘은 모두 똑같은 추악한 천에서 잘라 낸 것들이다.

골로새서 3장 19절에서 바울은 사랑과 악독(괴롭게 함)을 대조하면서 "남편들아 아내를 사랑하며 괴롭게 하지 말라"라고 한다. 즉, 악독이 결혼 관계에 영향을 끼치지 않도록 하라고 경고한다. 어떤 번역은 "모질게 대하지 마십시오"(새번역)라고 되어 있다.

악독과 저주는 서로 밀접하게 연결되어 있고, 결혼 생활에도 연결되어 있다. 나는 악독이 결혼 생활을 잠식하고 파괴한 사례를 여러 번 보았다. 한때는 서로에게 다정하고 애정이 넘쳤던 부부가 결국 원수가 되어 서로에게 모진 말을 퍼붓고, 상처를 주고받으며, 서로 보복한다.

왜 그렇게 되는 것일까? 왜 우리는 원치 않는 침입자, 즉 악독, 노함, 악의, 모진 마음, 악한 말이 우리 마음을 차지하도록 내버려두는 것일까? 이런 행동은 우리의 부엌 찬장에 해로운 독을 그대로 두는 것과 같지 않은가? 다음 글을 생각해 보라.

- 악독은 성령을 근심하게 한다.
- 이런 마음은 우리를 완고하고 차가운 사람으로 만들어 다른 사람들과 함께하지 못하게 한다.
- 악독은 우리를 부정적이고 비판적인 사람으로 만든다.
- 악독은 우리를 위한 하나님의 계획과 사랑에 저항하게 한다.
- 결국 악독은 산성(酸性)이 그것을 담은 용기를 상하게 하듯 우리를 무너뜨린다.

괴로움을 자처하다

당신은 이 시점에서 이렇게 말하고 싶을 것이다. "하지만 당신은 내 상황을 이해하지 못할 거예요. 그렇게 간단하지 않아요."

그렇다. 당신의 상황은 다른 사람들의 상황이나 당신이 이 책에서 읽는 여러 상황과 다를 수 있다. 그러나 그 죄가 얼마나 크든 작든, 그 문제가 얼마나 복잡하게 얽혔든 간에 용서를 거부할 때 나타나는 일반적인 결과들이 있다.

마태복음 18장에는 용서할 줄 모르는 종의 비유가 나온다. 먼저, 베드로가 예수님께 다음과 같은 질문을 던진다. "주여 형제가 내게 죄를 범하면 몇 번이나 용서하여 주리이까 일곱 번까지 하오리이까"(21절). 이 질문에 대한 예수님의 대답에서, 우리는 하나님이 우리를 얼마나 많이 용서하셨는가에 비추어 볼 때 다른 사람에게 원한을 품는 것이 얼마나 끔찍한 결과를 가져오는지 볼 수 있다.

예수님은 베드로의 질문에 다음 비유를 말씀하셨다. 왕이 그의 종들 가운데 그에게 '만 달란트'를 빚진 자가 있다는 사실을 알게 되었다. 한 달란트는 일반 노동자의 약 20년 치 임금과 같다. 그렇다면 만 달란트는 약 20만 년 치 임금이 될 것이다. 만약 우리 연봉이 5천만 원이라고 가정한다면, 만 달란트는 약 10조에 달하는 액수다. 이는 우리가 평생 갚을 수 없는 빚이다!

그 액수가 어느 정도인지 따져 보자면, 그 당시 로마 정부가 매해 팔레스타인 땅 전역에서 거두는 총 세금이 평균 900달란트로, 천 달란트가 채 되지 않았다. 그렇다면 만 달란트는 얼마나 큰 액수인가![2] 예수님은 헤아릴 수 없는 양을 표현하기 위해 일부러 이런 천문학적인 수치를 택하셨다.

왕은 빚을 일부라도 회수하고자 그 종을 데려와 그에게 그 자신과 그의 가족을 노예로 팔라고 명령했다. 그러자 그 종은 왕 앞에 무릎을 꿇고, 빚진 돈을 모두 갚겠다고 말하며(그가 정말 갚을 수 있는 것처럼) 조금만 더 기다려 달라고 간청했다. 이에 왕은 그 종이 그렇게 많은 돈을 모을 수 없다는 것을 알지만, 그를 불쌍히 여기며 빚을 탕감해 주었다. 그리고 그를 놓아주었다.

하지만 이 비유의 줄거리는 심각해진다. 용서받은 종은 집으로 돌아오자마자, 자기에게 '백 데나리온'을 빚진 한 동료를 만난다. 그리고 그를 붙들고 멱살을 잡으며 "빚을 갚으라"(마 18:28)라고 말한다.

혹시 '백 데나리온'이 얼마 안 되는 돈이라고 듣지는 않았는가? 한 데나리온은 일반 노동자의 하루 임금으로, 백 데나리온은 주 5일 근무로 치면 약 5개월 치 노동 임금이다.

우리 연봉이 5천만 원이라고 가정한다면, 용서받은 종은 2천만 원 정도를 동료에게 꾸어 준 것이다. 이 금액은 노동자 대부분에게 결코 적지 않은 돈이다! 그 종이 방금 탕감받은 엄청난 빚에 비하면 이 빚은 아무것도 아닌 것처럼 보일 수 있다. 하지만 엄청난 빚을 탕감받은 일이 없었다면, 그 종이 자신에게 빚진 동료에게 행한 반응에 공감할 수 있을 것이다.

나는 용서받은 종이 그의 동료에게 행한 짓을 읽을 때면 혈압이 오르곤 한다. 그의 냉담한 마음과 배은망덕한 행동이 그저 의아하다. 하지만 바로 그때, 성령님이 "너도 그 종처럼 행동하지 않니?"라고 부드럽게 말씀하시며 내 깊은 속마음을 가리키신다.

용서하지 않으면, 원한을 품으면, 나 또한 "빚을 갚으라"라고 요구하며 채무자의 멱살을 잡은 그 종과 같아지는 것이다.

그 종은 갚을 수 없는 빚을 탕감해 준 왕 앞으로 다시 끌려왔다. 그는 "옥졸들"(마 18:34)에게 넘겨졌다. KJV 성경은 이 단어를, 그가 빚진 것을 모두 갚을 때까지 "고문하는 자들"(tormentors)에게 넘겨졌다고 번역했다.

앞 장에 비추어 볼 때, '옥졸들'이라는 말은 우리가 용서하지 못할 때 우리 모습이 어떠했는지 생각나게 한다.

채무자를 감옥에 가두었던 종은 결국 그 자신도 채무자의 감옥에 갇히게 되었다. 그리고 채무자를 대했던 것과 똑같은 방식으로 괴로움을 당했다.

우리가 이 비유의 요점을 놓치지 않도록 예수님은 다음과 같이 분명하게 말씀하신다. "너희가 각각 마음으로부터 형제를 용서하지 아니하면 나의 하늘 아버지께서도 너희에게 이와 같이 하시리라"(마 18:35).

주님이 알려 주신 요점을 상고해 보자.

1) 용서를 거부할 때 우리는 우리 자신을 '고문하는 자들'에게 넘기게 된다.

예수님은 이 말씀으로 궁극적인 고통, 곧 영원한 고통을 언급하시는 듯하다. 완고한 마음으로 용서하지 않는 자들은 그들 역시 죄 사함을 받았다는 증거가 전혀 없다. 만약 그렇다면, 그들은 하나님의 영원한 진노와 심판을 받게 될 것이다.

그러나 예수님의 이 말씀을 다르게 적용할 수 있다. 자신에게 죄지은 사람들을 용서하지 않는 자들은 즉각적이고 일시적인 '옥졸들'이나 '고문하는 자들'에게 넘겨질 수 있다.

고문하는 자들은 누구일까? 나는 오늘날 사람들이 겪고 있는 만성적인 정신적, 정서적, 육체적 장애의 상당 부분이 용서하지 않는 악독한 마음에 뿌리를 두고 있다고 믿는다. 물론 모든 장애가 그렇다는 것은 아니다. 그러나 최근 수십 년간의 중요한 연구 보고서를 보면, 분노와 비통함은 많은 생리적 문제를 유발한다는 사실을 확인할 수 있다.

'뉴스위크'(Newsweek)는 악독, 분노, 적대감 등의 감정은 혈압 상승, 호르몬 변화, 면역 기능 저하, 기억 상실 등과 관련이 있다고 보도했다. 어느 연구팀의 담당 대표는 "용서할 수 없다고 느낄 때마다 건강 문제를 키울 가능성이 더 크다."[3]라고 진술했다.

'뉴스위크'의 또 다른 특집에서는 분노, 적대감 또는 우울증 검사에서 높은 수치를 받은 사람들이 심장 위험과 관련된 특정 유형의 단백질 혈중 수치가 두 배나 높다는 것을 확인한 연구를 발표했다.[4]

흥미롭게도, 분노(anger)와 협심증(angina)이라는 두 단어는 같은 헬라어 어근에서 나왔다.

내 말을 잘 듣기 바란다. 나는 모든 신체적 아픔이나 고통이 용서하지 않는 악독함 때문에 발생한다거나, 용서를 택하면 건강이 보장된다고 말하는 것이 아니다. 하지만 많은 경우, 그것이 사실이라고 나는 확신한다. 당신도 알다시피, 하나님은 결코 우리 몸이 고질적인 갈등과 악독의 무게를 견디도록 의도하지 않으셨다.

그것은 심지어 우리의 얼굴에서도 나타난다. 우리 얼굴이 용서하지 않은 악독을 숨기지 못하고 드러내는 것은 참으로 놀랍다. 그저 오늘 몇몇 사람을 만나 보더라도 그들이 수년간 숨겨 온 상처들이 악독으로 변한 것을 알 수 있다.

나는 뿌리 깊은 질병을 앓고 있는 사람이 조금이라도 정죄를 당하지 않기를 바란다. 또 신체적 질병에 대한 치료를 추구해서는 안 된다고 제안하는 것도 아니다. 나를 오해하지 않기를 바란다.

   예수님은 용서를 거부하는 것을, 하나님이 우리를 고문하는 사람들에게 넘기시는 것과 연관시키셨다. 만약 설명하기 어려운 묘한 증상들이 내게 나타난다면, 나는 적어도 주님께 그 이유를 여쭤봐야 할 것이다. 신체적, 정서적, 정신적 문제를 일으킬 수 있는 용서하지 못한 마음이나 악독함이 나에게 있는지, 주님이 내게 이 문제에 관심을 두게 하시려는 것인지 말이다.

   용서를 결심한 한 여성의 이야기다. 이 여성은 내가 강연하던 콘퍼런스에 참석했다가, 초반에 허리 문제로 기도 요청 카드를 제출했다. 콘퍼런스가 끝날 무렵 그녀는 다음과 같은 메모를 보냈다.

> 여동생과 어머니를 용서하기로 한 후, 저는 허리의 고통이 사라진 것을 알게 되었습니다. 저는 몇 달 동안 이 고통을 겪었습니다('고문하는 자들'에게?). 그러나 용서하기로 작정한 그때부터 제 마음과 몸이 치유를 받았다고 믿습니다.

   나는 여기서 이 사실을 분명히 하고 싶다. 용서하는 사람이 된다고 해서 고통에서 자유로운 삶을 보장받는 것은 아니다. 하지만 나는 악독함이 우리 마음에 뿌리내리지 못하게 해야 많은 고통을 덜 수 있으며, 의사와 치료사에게 내야 할 비용도 아낄 수 있다고 생각한다.

용서받지 못함을 느끼다

우리가 이 구절에서 내릴 수 있는 또 다른 결론은 다음과 같다.

2) 용서를 거부할 때 우리는 하나님의 사랑과 용서하심을 경험할 수 없다.

용서할 줄 모르는 종에 대한 마태복음 18장의 비유에서 예수님의 이 말씀을 다시 읽어 보라. "너희가 각각 마음으로부터 형제를 용서하지 아니하면 나의 하늘 아버지께서도 너희에게 이와 같이 하시리라"(35절).

우리 대부분은 주기도문에서 이 간구를 수없이 인용해 왔다. "우리가 우리에게 죄지은 자를 사하여 준 것같이 우리 죄를 사하여 주시옵고"(마 6:12). 이 간구의 표현은 우리에게 다음 질문을 하게 한다. "만약 하나님이 내가 나에게 죄지은 사람들을 용서하는 만큼만 나를 용서해 주신다면 어떻게 될까?" 생각만 해도 정신이 번쩍 든다.

그리고 이것은 무시할 수 없는 내용이기도 하다. 마태복음 6장에서 주기도문 바로 다음에 예수님은 이렇게 말씀하시기 때문이다. "너희가 사람의 잘못을 용서하면 너희 하늘 아버지께서도 너희 잘못을 용서하시려니와 너희가 사람의 잘못을 용서하지 아니하면 너희 아버지께서도 너희 잘못을 용서하지 아니하시리라"(14-15절).

강력한 말씀이다. 이 말씀은 우리가 진정으로 죄 사함을 받은 적이 있는지 알아보기 위해 우리 마음을 점검하도록 도전한다. 존 파이퍼(John Piper)는 "우리가 용서하지 않는 마음을 고집한다면, 우리는 하나님께 용서받지 못할 것이다. 우리가 그런 식으로 계속 나아간다면,

우리는 천국에 들어가지 못할 것이다. 천국은 용서받은 사람들이 살아가는 곳이기 때문이다."[5)]라고 말한다. 요점은 용서하는 마음 때문에 하나님의 용서를 받아 낼 수 있다는 것이 아니라, 용서받은 사람은 다른 사람을 용서한다는 것이다. 따라서 다른 사람을 용서하는 것을 끝까지 고집스럽게 거부하는 자는 하나님께 용서받았다고 주장할 근거가 전혀 없다는 것이다.

하지만 용서받은 사람들조차도 때때로 용서 때문에 갈등한다. 그리고 용서하지 못할 경우, 언제나 하나님과의 관계에 영향을 미친다.

하나님의 사랑과 용서를 받아들이고 누리기 힘들어하는 성도들을 많이 만나 보았다. 그들이 주님의 사랑과 용서를 받아들이지 못하는 데는 많은 이유가 있다. 나는 그들이 다른 사람을 용서하지 않는 것이 그 주요 이유 중 하나라고 믿는다. 용서하지 않는 자들에 대한 예수님의 이 말씀은 너무나 뚜렷하고 직설적이다. 그래서 은혜로 구원받은 신자라도 다른 사람을 용서하지 못하고 있을 때는 주님이 하신 이 말씀이 다른 의미일 것이라고 자신을 설득하며 빠져나갈 구멍을 찾는다. 그들은 우리의 상처가 얼마나 깊은지 잘 아시는 주님이 '정말로 그런 완전한 용서를 하라고 말씀하시겠어?'라고 의심하며 이 말씀의 명백한 의미를 피하려고 한다.

그러나 실제로 우리는 숨을 곳을 찾지 못한다. 주님은 "긍휼히 여기는 자는 복이 있나니 그들이 긍휼히 여김을 받을 것임이요"(마 5:7)라고 말씀하셨다. 이 말씀에서 우리는 다른 사람에게 긍휼을 베풀지 않는 자는 주님의 긍휼하심을 받는 복의 대상이 될 수 없다는 사실을 추정할 수 있다.

용서를 거부하면 하나님 아버지와 우리의 관계가 어디선가 막힌다. 성경은 우리가 경험으로 확인하는 사실, 즉 다른 사람을 용서하려는 마음과 주님이 우리 죄를 사하신 사실을 이해하고 경험하는 것 사이에 분명한 연관성이 있음을 확증한다.

악독한 마음으로 용서를 거부하는 자들은 주님이 베푸신 자비와 긍휼의 충만하고 달콤한 맛을 누릴 수 없다.

사탄의 발판

용서하지 못하는 마음에 대해 한 가지 중요한 사실을 더 살펴볼 필요가 있다.

3) 다른 사람을 용서하는 것을 거부하면 우리는 우리 개인적인 삶에, 그리고 우리 공동체에 사탄이 들어올 수 있는 발판을 마련해 주는 것이다.

사도 바울은 고린도 교인들에게 무엇이 그들의 하나 됨을 무너뜨렸는지 보여 주면서 용서의 중요성에 대해 이야기한다. 그들 중에는 죄가 드러나서 그들의 교제를 "근심하게"(고후 2:5) 했지만 그 일을 회개하고, 모든 것이 회복되기를 바라는 사람이 있었던 것 같다. 그런데 이 일이 교회에 큰 기쁨이 되기는커녕 일부 사람들은 그를 용서하길 꺼렸다. 결국 그 사람은 아버지의 긍휼의 은혜로 들어가지 못해 자유롭게 살지 못하고 있었다.

그래서 바울은 회개한 그 형제를 "용서하고 위로"하라고 고린도 교인들에게 권한다(고후 2:7). 바울 자신도 이미 그 형제를 용서한 것은, "너희를 위하여 그리스도 앞에서 한 것이니 이는 우리로 사탄에게 속지 않게 하려 함이라 우리는 그 계책을 알지 못하는 바가 아니로라"(고후 2:10-11)라고 말한다.

마귀는 우리가 용서하지 못할 때 항상 이긴다.

용서를 거부할 때 마귀는 우리 마음을 장악하여 성령님의 음성에 둔감하게 한다. 그리고 자기주장을 펼치며 우리 인간관계에 악영향을 끼친다.

따라서 성경은 우리에게 다음과 같이 권면한다. "분을 내어도 죄를 짓지 말며 해가 지도록 분을 품지 말고 마귀에게 틈을 주지 말라"(엡 4:26-27). 우리는 때로 죄에 대한 의분을 가질 수 있다. 하지만 만일 우리가 분노를 악독으로 만들거나 우리 마음 안에서 곪게 한다면, 이는 우리 삶에 사탄이 활동할 수 있는 발판을 제공하는 것이다.

나는 내가 아는 한 젊은 여성의 삶에서 이런 과정을 생생하게 보았다. 코린(Corinne)은 어린 소녀였을 때, 목사인 아버지를 부당하게 공격하는 교인들, 그리고 선의라고는 하지만 다소 위압적이고 때로는 가혹하며 너무 빨리 꾸짖는 어머니 등 여러 사람에게서 상처를 받고 그것을 마음에 품기 시작했다.

코린은 그 상처가 분노로 변하도록 내버려두었고, 그 분노는 내면의 억울한 감정을 부채질하며 극심한 악독과 심적 갈등으로 이어졌다. 결국 그 모든 악독은 수면 위로 드러나며 터졌고, 이 젊은 여성뿐만 아니라 그녀의 가족과 친구들도 비참한 결과를 맞게 되었다. 사탄은 그녀의 삶을 흔들었고, 이 '멋진 기독교 가정의 착한 소녀'는 한때는 상상도 할 수 없었던 깊은 영적 어둠에 빠져 버렸다.

용서의 문을 닫을 때 우리는 사탄이 우리 삶에 들어올 수 있도록 문을 열어 주고 그에게 우리를 이길 수 있게 하는 무기를 내주는 것이다.

훈련받으려는 용기

그러나 우리는 이러한 어두운 결과를 알면서도 종종 용서하지 않는 길을 선택한다. 오랫동안 용서하지 않는 길을 선택하다 보면, 원하지도 않고 의도하지도 않은 몹쓸 사람이 되어 버린다. 그 사실을 인정하든 말든 우리는 악독한 사람이 된다.

무슨 죄든 죄를 반복하면 그 죄는 우리 마음에 뿌리를 내리고 우리의 일반적인 행동 패턴이 된다. 상처와 분노와 악독한 마음을 붙들수록 용서하지 못하는 노예가 된다(롬 6:16 참조). 그리고 그 상태에 오래 머물수록 그 사슬에서 벗어나는 것은 더욱 어려워진다.

하나님의 관점에서 삶의 문제와 고통을 보지 못할 때, 그리고 삶에 대한 기대와 삶의 현실이 다를 때, 우리 안에서 악독이 자라난다.

사실, 죄악이 가득하고 타락한 이 세상에서의 삶은 쉽지 않다. 바울은 이 사실을 알려 준다.

> 피조물이 다 이제까지 함께 탄식하며 함께 고통을 겪고 있는 것을 우리가 아느니라… 우리까지도 속으로 탄식하여 양자 될 것 곧 우리 몸의 속량을 기다리느니라(롬 8:22-23).

히브리서 12장은 신자로서 직면하는 고난에 대해 바른 관점을 제시한다. 하나님은 우리 삶의 경험과 심지어 고난, 그리고 특히 어려운 사건들을 사용하여 우리 안에 매우 특별한 일을 이루신다. 즉, "우리의 유익을 위하여" 징계하신다(10절).

그렇다. 우리의 유익을 위해 삶의 고난이 있다.

이러한 생각은 자연스러운 것은 아니다. 아이가 부모에게 징계받거나 책망받는 것을 기대하는 일이 어떻게 자연스럽겠는가! 하지만 우리는 다음 구절의 내용을 경험으로 알게 될 때 징계의 유익을 인정한다.

> 무릇 징계가 당시에는 즐거워 보이지 않고 슬퍼 보이나 후에 그로 말미암아 연단 받은 자들은 의와 평강의 열매를 맺느니라(히 12:11).

하나님은 우리 삶에 발생한 일이 별일이 아니라고 말씀하시는 것이 아니다. 만일 어떤 식으로든 상처를 입었거나 학대를 당했다면, 그저 그 일을 털어 버리고 정신 차리고 성장해서 헤쳐 나가라고 말씀하시는 것도 아니다.

히브리서 12장의 교훈은, 하나님이 우리의 이러한 문제에 대해 특별한 관심과 돌보심으로 함께하시니 위로받으라는 것이다. 하나님은 이러한 고통스러운 경험을 사용하셔서 우리의 영적 훈련과 성장에 유익을 주신다. 이러한 힘든 경험들은 우리를 빚어 예수님의 형상을 닮게 한다. 그러므로 고난에는 주님이 우리 삶을 통해 영광 받으시려는 주님의 영원한 목적과 계획이 담겨 있다.

이러한 관점은 우리에게 소망을 준다. 징계에는 끝이 있고 가치 있는 목표가 있다는 것을 알려 주면서, 우리를 격려하고 인내할 힘을 준다. 우리의 영적 훈련과 성장을 위해 하나님이 허락하신 과정을 수용하고 견딜 수 있게 한다. 영적 건강과 치유와 평안으로 나아가는 길을 보여 준다. 다음 구절은 이 사실을 정확히 알려 준다.

> 그러므로 피곤한 손과 연약한 무릎을 일으켜 세우고 너희 발을 위하여 곧은 길을 만들어 저는 다리로 하여금 어그러지지 않고 고침을 받게 하라(히 12:12-13).

하나님은 고난의 목적을 갖고 계신다. 당신은 주님을 신뢰할 수 있다. 사실, 하나님이 당신의 삶에서 '훈련하시는 아버지'로서 관여하시는 것은 당신에 대한 반감이 아니라 사랑의 증거다. 우리가 온유함과 순종하는 마음으로 연단을 받아들이면, 하나님의 징계는 우리가 주님께 속해 있고 주님과 관계를 맺고 있다는 사실을 확신시켜 준다.

그러므로 우리는 하나님이 우리를 징계하기 위해 사용하시는 사람들을 원망하거나 당면한 문제를 못된 마음으로 반응하는 대신, 다음 지시를 따라야 한다.

> 모든 사람과 더불어 화평함과 거룩함을 따르라 이것이 없이는 아무도 주를 보지 못하리라(히 12:14).

다음으로 히브리서 저자는 우리 삶의 고통스러운 상황에 대해 하나님이 마련해 놓으신 은혜가 있다는 사실을 상기시킨다. 만일 그 은혜를 받지 못하거나 사용하지 않는다면 어떤 일이 발생하는지도 알려 준다.

> 너희는 하나님의 은혜에 이르지 못하는 자가 없도록 하고 또 쓴 뿌리가 나서 괴롭게 하여 많은 사람이 이로 말미암아 더럽게 되지 않게 하며(히 12:15).

마음에 큰 상처를 받고 정신적인 고통이 깊더라도, 또한 아무리 상대의 죄가 크더라도, 하나님은 우리에게 그 죄를 감당하고 가해자를 용서할 수 있는 은혜를 허락해 주신다. 그 시점에서 우리는 두 가지 중 하나를 선택할 수 있다. 먼저, 주님의 은혜가 필요하다는 것을 인정하고 겸손하게 하나님께 나아가, 그 가해자를 용서하고 놓아줄 수 있는 은혜를 구할 수 있다. 아니면 하나님을 대적하며 주님의 은혜를 거절하고 상처를 붙든 채 살 수 있다.

후자의 길을 택한다면 악독이 우리 마음에 뿌리를 내릴 것이다. 때가 되면 그 뿌리가 돋아나 우리 자신과 우리의 용서하지 않는 마음에 영향을 받을 주변 사람들에게 문제를 일으킬 것이다.

이어지는 16절은 악독이 사람들의 삶에 공통으로 어떻게 나타나는지 보여 줌으로써 이 개념을 확장한다.

음행하는 자와 혹 한 그릇 음식을 위하여 장자의 명분을 판 에서와 같이 망령된 자가 없도록 살피라(히 12:16).

음행의 죄를 지은 자들과 상담하면서 거듭 확인하게 되는 것은, 음행의 죄는 다른 많은 죄악과 문제들처럼 악독의 뿌리와 연결되는 때가 많다는 사실이다. 어떤 소녀는 아버지의 학대와 방치로 인해 상처를 입었다. 그 소녀는 하나님께 나아가 은혜를 구하는 대신, 아버지에게 악독을 품고 그녀의 남자 친구와 침대에서 뒹굴며 사랑을 찾는다. 어떤 청년은 성인 남성에게 성추행을 당하거나 아버지에게 적절한 남성적 애정을 받지 못했다. 그는 하나님이 주시는 은혜를 받지 못한 채 마음이 악독해지더니, 충족되지 못한 욕구를 채우기 위해 다른 남자와 불법적인 관계를 맺는다. 어떤 남성은 아내에게 멸시당하는 느낌을 받는다(또는 어떤 여인은 남편에게 무시당한다). 그(또는 그녀)는 하나님께 은혜를 구하는 대신, 직장 동료들에게 접근하거나 다른 성적 범죄에 취약해진다.

그들은 영적인 장자권을 무엇과 바꾸는가? 속박과 타락, 수치, 부서진 삶, 깨어진 가정과 바꾸는 것이 아닌가? 나는 이런 일을 계속 봐 왔다.

악독의 뿌리에서 싹이 나오도록 내버려두면, 그들의 삶은(그리고 수많은 다른 사람의 삶까지) 괴로움과 더러움으로 가득 차게 된다.

내가 아는 한 남자에게 바로 그런 일이 발생했다. 그의 이름은 단(Dan)이다. 그는 아내와 함께 수년 동안 주님을 섬기며 풍성한 사역을 즐기고 있었다. 그러나 시간이 지나면서 그는 영적 교만과 자기기만의 씨앗이 그의 마음에 교묘하게 뿌리내리는 것을 허용했다. 최근 그는 당시를 회상하며 이렇게 말했다. "그때는 몰랐는데 나는 나 자신을 악독과 상처에 내버려두고 있었습니다."

아니나 다를까, 몇몇 사역의 기회가 그가 바라는 대로 되지 않자 그는 하나님께 실망했다.

실망을 이겨 낼 하나님의 은혜를 붙들지 못한 그는 처음에는 주님을 향해, 그다음에는 아내를 향해 원망을 품었다. 시간이 흐르면서 그는 주님과 아내 모두를 향해 마음을 닫았다. 그러자 원수는 그 기회를 놓치지 않고 당장 욕망을 향한 유혹을 그에게 퍼붓기 시작했다. 이미 하나님의 은혜를 거부하기로 선택한 그는 마귀가 공격하기 쉬운 대상이었다. 유혹이 심해지자 그는 굴복했다. 하나님을 계속 원망했고, 마음은 더욱 악독해졌다. 그는 그 당시를 회고하면서 "사람들은 예전과 달리 나를 이해하지 못하는 것 같았고, 하나님도 예전과 달리 응답하지 않으시는 것 같았습니다."라고 말했다. "문제는 내 자존심과 자기기만이었지만, 나는 마음에 깊은 악독을 품고 온갖 부패의 문을 활짝 열어 놓았습니다."

그 악독의 쓴 뿌리가 본격적인 간음으로 자라나는 것은 시간문제였다. "그다음에 알게 된 것은, 내가 옳고 선한 것으로 알고 있던 것을 모두 내던지고 있다는 사실이었습니다." 이 남자에게는 잘못된 것이 옳은 것이 되었고, 악한 것이 좋은 것이 되었다. 마치 검은색이 흰색이 된 것과 같았다.

단은 '먼 타국'에서 길고 힘든 체류 생활을 마친 후 마침내 상한 심령으로 회개하고 회복되는 과정에 있다. 그는 자신의 과거를 돌아보면서 "영적인 '교만'과 '악독'의 상태에서 내가 한 일을 보면 어처구니가 없습니다."라고 말한다.

이와 비슷한 과정을, 이 장 초반부에서 언급한 젊은 여성 코린의 삶에서도 볼 수 있다. 그녀는 하나님의 은혜를 받아 어린 시절의 상처를 용서로 대하기보다 악독의 뿌리가 그녀의 삶에 싹트도록 내버려두었다. 그렇게 함으로써, 그녀는 사탄에게 그가 노리던 침투 기회의 발판을 제공했다.

그녀는 유년 시절부터 그 후 그녀가 성경 대학의 학생이 되었을 때까지, 악마의 소리와 환상에 시달렸고 글로 쓰기에 민망한 다양한 유형의 사교와 성적 행위에 이끌렸다. 그 과정에서, 그녀는 거의 자살 직전까지 갔고, 그녀의 자멸적인 행동의 결과로 주변 가까운 사람들이 큰 피해를 입었다.

지금 코린은 용서하지 못함으로 인해 어릴 때 겪은 상처를 하나님의 은혜로 해결받을 기회를 놓쳤고, 그럼으로써 자기 삶의 많은 부분을 마귀에게 넘겨주었다는 사실을 알게 되었다.

하나님의 은혜와 성령으로 충만한 신자들이 진정한 노력과 사랑으로 코린을 도우면서, 이 젊은 여성은 용서를 통해 회복과 자유를 찾기 시작했다.

거부할 수 없는 이유

'악독의 뿌리'는 심각하지 않은 것처럼 보일 수 있다. 사실, 상황을 고려할 때 충분히 이해할 수 있고 또한 타당하게 보일 수도 있다. 하지만 그 뿌리는 결코 작은 문제가 아니다. 악독의 뿌리를 인정하고 해결하지 않으면, 그 독은 상상할 수 없을 정도로 당신과 다른 사람에게 영향을 미치고 또한 감염시킬 것이다.

당신이 다른 사람의 행동으로 부당하게 모욕을 당하거나 상처를 입었을 때(그 사람은 먼 친척, 고용주, 또는 교회에 같이 다니는 사람일 수도 있다), 악독은 타고난 권리인 것처럼 느껴질 수 있다. 그리고 그것은 당신의 안전지대가 될 수 있다. 다른 반응을 할 수 없다고 느낄 수 있다. 그러나 악독은 우리를 파산과 낙오자의 자리로 떨어뜨리는 일종의 함정이다. 나아가 그것은 죄일 뿐만 아니라 어리석음 그 자체다.

악독을 치유하려면 주님의 능력과 사랑을 믿고 "긍휼하심을 받고 때를 따라 돕는 은혜를 얻기 위하여 은혜의 보좌 앞에 담대히" 나아가야 한다(히 4:16). 그렇다. 주님이 계시는 보좌 앞에 은혜가 있다.

아무리 고통스럽고 어렵더라도 이러한 힘든 상황을 통해 당신은 그리스도를 더 닮아 갈 능력과 기회를 얻는다. 이것이 당신의 삶을 향한 아버지의 지극히 높은 목적이며, 당신이 "그 아들의 형상을 본받게"(롬 8:29) 하려는 것이다. 심지어 예수님 자신도 아버지의 신성한 계획과 목적에 따라 우리의 영원한 구원을 얻어 내시기 위해 "고난을 통하여"(히 2:10) 온전하게 되셨다. 그뿐 아니라 주님 역시 가혹하게 대우받고, 이용당하고, 오해받으셨기 때문에 당신이 그런 일을 당할 때 그것이 어떤 것인지 잘 아신다.

악독의 뿌리를 내버려둔다면, 그것은 당신 삶의 모든 영역에 창궐할 것이다. 하지만 하나님은 당신이 손을 뻗어 주님의 은혜를 받도록 초청하고 촉구하신다. 주님의 은혜를 받으면, 당신의 마음은 용서하지 못한 굴레에서 벗어날 수 있을 것이다. 자유를 얻고 주님과 다른 사람을 사랑하게 될 것이다. 더는 악독의 뿌리가 당신을 괴롭히지 않고 다른 사람들을 '더럽히지' 않을 것이다. 반면 하나님의 은혜가 당신을 통해 다른 사람들에게 흐를 것이며, 당신이 접하는 모든 것에 복을 전할 것이다.

적 · 용 · 하 · 기

1. 이 장, 특히 자신에게 악독의 뿌리가 있는지 점검하는 여덟 가지 목록을 읽으면서 악독 또는 용서하지 못하는 마음을 주님이 지적하셨는가? 만일 지적하셨다면, 그 악독은 어떤 모양(예를 들어, 에베소서 4장 31절에 나열된 죄악 중 어떤 죄악)으로 나타났는가?

2. 용서하지 못한 악독한 마음으로 인해 만성적 스트레스나 압박(예를 들어, 신체적, 정서적, 정신적, 관계적, 재정적 스트레스나 압박)이 생겨나지는 않았는가? 만약 연관성이 있다면, 주님께 알려 달라고 기도하라.

3. (과거 또는 현재의) 악독의 뿌리가 당신 삶에 어떻게 다음 중 하나 이상의 결과를 초래했는지 확인할 수 있는가?

- 하나님의 사랑과 용서를 경험하는 데 악영향을 미쳤다.
- 당신 삶에 사탄이 침투할 발판이 되었다.
- 주변 사람들을 '더럽혔다.'

4. 당신 삶에서 마음에 악독의 뿌리가 생겨나지 않도록 하나님의 은혜가 필요한 부분은 어디인가? 그 부분에 주님의 은혜가 임하도록 기도하지 않겠는가?

03
용서의
약속

'용서'의 헬라어 원어를 문자적으로 번역하면
'놓아주다'라는 뜻이다.
용서는 우리에게 잘못을 저지른 사람을
그 잘못에 대한 의무에서 놓아주는
우리의 선택이다.

토니 에번스 박사(Dr. Tony Evans)

나는 문서 작성용 '워드 프로세서' 기계를 사용하다가 개인용 컴퓨터로 전환되던 시절이 기억날 정도로 나이가 많다. 내가 어렵게 배운 한 가지는 D-E-L이라고 표시된 작은 버튼의 의미였다.

그렇다. 삭제 키다(아마 당신도 경험을 통해 삭제 키를 잘 알고 있을 것이다).

나도 당신처럼 컴퓨터로 어떤 일을 하다가 실수로 삭제 키를 눌러서 그동안 열심히 수고했던 모든 일을 허공으로 날려 보내고 빈 화면만 남게 했던 적이 있다.

그렇다. 물론 소프트웨어 프로그래머들은 나와 같은 사람들이 있을 것을 예상하고 작은 프롬프트를 띄워 내가 한나절 동안 작업한 것을 단번에 내다 버릴 것인지, 정말로 그럴 것인지 묻게 했다. 하지만 나는 그들의 친절한 경고를 무시하고 삭제를 진행해서 수고한 모든 것을 다 잃곤 했다. 그렇게 하기는 쉽다.

나는 우리의 실제 삶에서도 그렇게 쉽게 누를 수 있는 삭제 키가 있었으면 한다.

컴퓨터 문서를 휴지통에 버릴 때 발생하는 일은, 우리가 우리에게 죄지은 누군가를 진정으로 용서할 때 발생하는 일을 생생하게 보여 준다. 우리는 그 일을 지운다. 기록을 삭제한다. 마치 처음부터 죄가 저질러지지 않았던 것처럼 여긴다. 이것이 바로 하나님이 우리를 용서하신 방식 아닌가?

"피차 용서하되 주께서 너희를 용서하신 것같이 너희도 그리하고"(골 3:13). 주님의 이 말씀이 우리가 어떻게 다른 사람을 용서해야 하는지 알려 주는 것이 아니겠는가?

신자인 우리는 "하나님이… 우리의 모든 죄를 사하시고 우리를 거스르고 불리하게 하는 법조문으로 쓴 증서를 지우시고 제하여 버리사 십자가에 못 박으시고"(골 2:13-14)라는 말씀을 듣는다.

한때 그 '기록'은 우리를 고소하고, 우리 죄를 폭로하고, 우리를 향한 주님의 의로운 분노의 정당성을 입증하며 거기에 있었다. 그러나 거룩하고 자비로우신 하나님은 삭제 키를 누르심으로 모든 것을 지워 버리셨다. 그러므로 클라우드 저장소에 아무런 기록도 남지 않았다. 출력된 자료, 즉 인쇄된 것도 없다. 언젠가 다시 꺼내서 유용하게 사용할 경우를 대비해 별도의 폴더나 파일 캐비닛에 저장해 놓은 것도 없다.

그 모든 것이 지워졌다. 영원히 지워졌다. 우리를 대신하여 십자가에서 죽으신 그리스도 덕분에 모든 빚이 탕감되었다.

이것이 우리가 하나님께 지은 죄를 하나님이 처리하시는 방법이다. 그리고 하나님은 우리도 우리에게 죄지은 다른 사람을 그렇게 용서하라고 요구하신다.

나는 우리가 다른 사람들과 지내면서 그들이 우리 삶에 가져온 고통을 깨끗하게 잊어버리는 자리까지 이르기를 원한다. 아픔과 악독이 사라짐으로써 더는 그것이 문제가 되지 않기를 바란다.

그러나 문제는, 삭제 키를 누르는 것만으로 우리의 모든 감정이 사라지지 않는다는 것이다. 삭제 키는 감정의 손상을 완전히 되돌리거나 모든 것을 원래대로 돌려놓지 못한다. 그렇다면 용서하려고 노력하는 이유는 무엇일까? 이런 일이 또다시 발생해서 우리가 더 큰 상처를 받고 실망할 수 있는 문을 왜 열어 두는 것일까? 우리 마음에 뚫린 구멍을 적어도 한동안 치유할 수 없다면 왜 용서라는 힘든 감정적 문제를 감수해야 할까?

하나님은 왜 그러한 일을 요구하실까? 그 이유는 약속 때문이다.

그분의 등 뒤로

그렇다. 이 진리는 용서를 가장 잘 설명해 주는 것 같다. 용서는 약속이다. 하나님께도, 죄를 지은 사람에게도, 다른 누구에게도 다시는 그 사람이 지은 죄를 들먹이지 않겠다는 약속이다. 용서는 삭제 키를 눌러 우리의 기록에서 다른 사람의 죄를 지워 버리기로 다짐하는 것이다. 용서하기로 한 약속과 함께 가해자의 기록을 지워 버리고 그를 처벌하거나 보복할 수 있는 '권리'를 포기하는 것이다.

가끔 어떤 여성이 내게 다가와 "나는 남편을 용서했습니다." 또는 "나는 이런저런 사람을 용서했습니다."라고 말한 다음, 그 사람이 그녀에게 했던 모든 못된 짓들을 나열하곤 한다. 그녀가 자기가 해야 할 일을 인식한 것에 대해서는 칭찬할 만하다. 하지만 그녀의 말을 들어 보면, 그녀가 온전히 용서하지 않았다는 것을 알 수 있다. 용서는 약속이기 때문이다.

하나님이 우리에게 하신 약속은 이렇다. "동이 서에서 먼 것같이 우리의 죄과를 우리에게서 멀리 옮기셨으며"(시 103:12). 그렇다. 우리가 그분께 한 일, 즉 '계속해서' 그분을 대적한 일은 실제다. 그러나 하나님은 그분 아들의 속죄의 피로 말미암아 우리가 행한 죄악을 기억하지 않기로 선택하셨다. 하나님은 그 죄악을 그분의 등 뒤로 던지셨다.

이 약속은 영원까지 이어지는 주님의 약속이다.

용서의 문제는 참으로 복음의 핵심이다. 우리는 다른 사람을 용서하지 '못하는 것'에 대한 변명조차 우리를 완벽하게 용서한 십자가 앞으로 가져가야 한다. 그곳에서 우리는 용서받을 수 있는 모든 절차를 거친 사람들이 아닌, 용서받을 자격도 없고, 용서가 필요한지도 모르는(심지어 용서를 바라지도 않을 수 있는) 우리를 용서하신 주님을 본다.

우리는 모두 순수하고 완벽하게 용서받는 것이 얼마나 엄청난 보물인지 깨닫고 용서의 기쁨을 감사해야 한다.

그리고 더 나아가 그리스도께서 십자가에서 우리에게 베푸신 용서를 다른 사람들에게 베풀 때, 우리는 용서가 절실히 필요한 이 세상에 하나님의 자비와 은혜를 나타낼 수 있다.

"너는 독일인들을 용서할 수 있겠니?"

어니스트 카수토(Ernest Cassutto), 즉 '어니'는 화란계 유대인으로, 제2차 세계대전 당시 유럽을 휩쓸었던 광기, 곧 나치의 또 다른 희생자였다. 그는 거의 2년 반 동안 도망 다니며 숨어 지냈으나 결국 나치에게 체포되었다. 그의 약혼녀 헤티(Hetty) 역시 나치에게 체포되어 아우슈비츠(Auschwitz)의 가스실로 끌려가게 되었다. 그 둘은 그리스도를 믿는 신자였다.

어니는 그의 감동적인 책 『로테르담의 마지막 유대인』(The Last Jew of Rotterdam)[1]에서 이렇게 말한다. 그는 끝없는 감옥 생활을 하던 어느 날, 바닥에 무릎을 꿇은 채 성경을 읽고 있었다. 그는 다니엘의 세 친구, 사드락과 메삭과 아벳느고가 용광로에 던져졌지만, 그곳에서 주님을 만났다는 본문을 발견했다. 그는 이렇게 말했다. "그런데 그 네 번째 남자가 나와도 함께 있었습니다. 아무도, 심지어 나치조차도 그분을 막을 수 없었습니다. 예수님은 감옥에서 나를 만나 주셨고, 내게 이런 질문을 하셨습니다."

"어니야, 너는 독일인들을 용서할 수 있겠니? 너는 그들을 위해 기도할 수 있겠니? 그들을 사랑할 수 있겠니?"

어니의 몸이 굳어졌다. "그들을 용서하라고요? 그들을 사랑하라고요? 오, 예수님, 제가 어떻게 그럴 수 있지요? 그들은 나를 포로로 잡아 왔습니다. 그들은 헤티를 죽였다고요. 그런데 그들을 용서하라고요? 주님, 그것은 제게 너무 무리한 요구입니다."

하지만 감옥 안의 고통스러운 침묵 속에서 여러 기억이 그의 마음을 스쳐 지나가기 시작했다. 헤티가 그녀의 일기장에 마태복음 5장 44절 "너희 원수를 사랑하며 너희를 박해하는 자를 위하여 기도하라"라는 말씀을 남긴 것이 떠올랐다. 그는 예수님을 생각했다. 인간의 증오로 수치와 고문을 당하시며 피 흘리셨던 그 예수님! 살인자들을 십자가에서 용서하신 바로 그 예수님! 그런데 지금 그분이 그에게 떠올릴 수도 없는 나치의 끔찍한 죄를 용서하라고 부탁하고 계셨다.

"할 수 없습니다, 주님." 사람이 이 외에 무슨 말을 할 수 있겠는가? 그런 용서는 참으로 불가능하지 않은가! "하지만 당신이 도와주신다면 노력해 보겠습니다. 제발 도와주세요."

그러자 어니의 마음에 있던 증오, 분노, 악독의 사슬이 하나씩 끊어지기 시작했다. 그는 위를 바라볼 수 있었다. 신비한 자유로움과 그의 무거운 짐이 벗겨졌다는 안도감을 느낄 수 있었다. 그는 아직 감옥에 있었지만, 마음의 자유를 누리기 시작했다.

몇 년 후 그는 이렇게 말했다. "히브리 아이 하나가 불타는 용광로에서 건짐 받았습니다."

전쟁이 끝난 어느 날, 석방된 어니는 자신이 갇혀 있던 감옥의 감독관 아내에게 전화를 받았다. 남편이 지금 전염병에 걸려 죽어 가고 있다는 것이었다. 그의 아내는 어니가 그를 만나 주기를 바라고 있었다.

갈까? 말까?

이 두 응답 사이에서 그의 갈등이 얼마나 컸을지 가히 상상조차 할 수 없다. 그의 마음은 얼마나 거절하는 쪽으로 기울어졌을까! 이미 용서했고 그의 증오도 다 내려놓았다. 그 정도면 충분하지 않은가! 그런데 그 사악한 눈을 다시 마주해야 한다면, 그것은 마치 똑같은 전염병에 다시 걸려 죽음에 직면할 위험을 무릅쓰는 것과 같지 않겠는가?

그가 그의 딜레마와 씨름하고 있을 때, 어니의 아버지는 그를 설득했다. "예수님은 우리에게 원수를 용서해야 한다고 말씀하신단다. 가서 만나 보렴."

어니는 그 사람을 만나러 갔다.

그곳에는 한때 잔인했던 감독관이 지금은 연약해져서 간신히 숨을 쉬고 있었다. 어니는 말을 하려고 했지만 차마 입이 열리지 않았다. 그는 그때 "내 안에서 '가서 그에게 입 맞추라.'라는 목소리가 들렸습니다."라며 당시 사건을 회상한다.

"나는 내가 들은 것을 믿을 수 없었습니다. '그에게 입을 맞추라고?' 하지만 그 음성은 계속 들렸습니다. '가서 그에게 입 맞추라. 내가 너를 지켜 주겠다.'"

어니는 회상했다. "겁에 질린 채 나는 앞으로 머리를 내밀어 그의 이마에 입을 맞추었습니다. 그는 울음을 터뜨렸습니다. 그는 울면서, 그가 한 잘못에 대해 계속해서 사과했습니다. 그때 나는 그가 단지 나의 용서가 필요한 것이 아니라는 사실을 알았습니다. 그는 하나님의 자비가 필요했습니다. 나는 그에게 어떻게 유대인 메시아가 세상 죄를 속하기 위해 죽으셨는지, 예수님에 대해 말해 주었습니다."

그때 그 자리에서 어니는 그 감독관을 예수님께로 인도했다.

그 자리를 떠나면서 어니는 다시 한번 마태복음 5장 44절을 생각했다. "주님은 내게 나의 원수를 어떻게 사랑할 수 있는지 또 다른 교훈을 주셨습니다. 그리고 이번에는 주님이 나의 원수에게도 나를 사랑하도록 가르치셨습니다."

당신도 알다시피, 이런 경험은 모방이나 조작으로 될 수 없다. 대학살의 생존자에게, 그리고 당신과 나에게, 용서는 참으로 초자연적인 역사다. 우리가 스스로 할 수 있는 일이 아니다. 그와 같은 시기에 비슷한 도전을 받았던 여인, 코리 텐 붐(Corrie ten Boom)은 그녀의 책 『주는 나의 피난처』(The Hiding Place)에서 이렇게 말했다. "세상의 치유는 우리 자신의 선함이나 용서가 아닌 오직 주님의 선하심과 용서에 달려 있다."[2]

용서는 참으로 힘든 것이 사실이지만, 그리스도의 생명이 내면에 흐르는 사람들에게는 불가능한 일이 아니다. 하나님이 우리에게 원수를 사랑하라고 말씀하실 때, 주님은 그 명령을 지킬 수 있는 사랑도 함께 주신다.

그렇다. '그분이' 이 일을 하실 수 있기에 당신이 할 수 있는 것이다. 그것이 바로 주님의 약속이다.

나는 이것만은 용서할 수 없어

용서할 수 없어 보이는 상황에 있는가? 아마 당신은 "나는 이 사람이 내게 한 짓을 용서할 수 없어. 그것은 너무 고통스러워. 그는 지나치게 자주 이런 못된 짓을 했어. 그는 나에게 너무나 큰 상처를 남겼어."라고 말할지도 모르겠다.

나는 당신이 '깊은 상처를 받았다'는 사실을 부정하지 않는다. 당신이 내게 당신의 이야기를 하거나 친한 친구와 그 이야기를 나눈다면, 우리는 당신의 처지에서 그 상처를 이해하고자 할 것이다. 우리는 당신의 목소리에서 그 상처가 어떠한지 들을 수 있다. 우리는 그 죄가 당신의 연약한 부위에 상처를 입혔다는 것을 알 수 있다.

하지만 당신은 자기 자신에게 물어야 한다. 아니, 우리 모두 자기 자신에게 물어야 한다. "용서할 수 있는 능력이나 용서하길 원하는 마음이 죄의 크기에 따라 달라지는가?" 다시 말해서, 어떤 한계점을 넘으면 용서할 필요가 없는가? 용서가 '불가능한' 죄가 따로 있는가?

성경은 하나님이 "우리의 모든 죄를 깊은 바다에 던지시리이다"(미 7:19)라고 알려 준다. 그분은 일부분의 죄가 아니라 모든 죄를 바다에 던지셨다.

그 죄 중에는 주님을 "멸시"하는 자들의 조롱과 모욕이 있고, 그분의 성품과 인격과 삶 등 모든 것을 철저하게 대적하는 죄가 있다(시

22:6-7, 사 53:3 참조). 멸시당하는 것은 단순히 미움받는 것과는 전혀 다른 차원의 견디기 힘든 일이다. 멸시당하는 것은 미움받고 침 뱉음을 당하며 조롱받고 모욕을 당하고 배신당하고 심지어 죽이고자 하는 악한 감정을 느끼는 것이다. 이런 죄악에 우리가 잘 아는 우리 자신의 죄를 더해 보라. 이 모든 죄악을 예수님이 십자가에서 짊어지셨다.

그러나 하나님은 우리의 "허물을 도말"하시고 우리의 "죄를 기억하지" 않으셨다(사 43:25 참조). 우리를 향한 "그 큰 사랑을 인하여 허물로 죽은 우리를 그리스도와 함께 살리"셨다(엡 2:4-5).

당신은 당신의 결혼 서약을 짓밟은 사람, 어렸을 때 당신을 학대한 사람, 피부색 때문에 당신을 멸시한 사람 등 당신 삶을 망쳐 놓은 사람에 대해 '큰 사랑'을 느낄 수 없을 것이다.

그 누구도 당신이 그렇게 할 수 있다고 기대하지 않을 것이다.

그러나 변화된 그리스도인의 삶의 힘과 아름다움은 "자기의 기쁘신 뜻을 위하여 너희에게 소원을 두고 행하게"(빌 2:13) 하시는 하나님께 있다.

그런 무자비한 행동과 태도를 용서하는 것은 당신의 사랑의 깊이로는 불가능하다. 사악한 거짓말과 터무니없는 합리화로 당신에게 거의 모든 사람을 믿지 못하게 만든 그런 사람을 너그럽게 대할 수 있는 능력은 결코 당신 안에 있지 않다.

하지만 하나님이 우리를 용서해 주셨으며, 지금 그분의 무한한 영이 우리 안에 내주하신다면, '우리가 용서하지 못할 그런 큰 죄가 어디 있겠는가?'

C. S. 루이스(C. S. Lewis)는 "기독교인이 된다는 것은 하나님이 우리 안에 있는 용서할 수 없는 것들을 용서하셨기 때문에 우리도 용서할 수 없는 것을 용서한다는 것을 의미한다."[3]라고 말했다. 용서에 있어서, 만약 우리 주님이 친히 용서하지 않으셨다면, 또 우리에게 용서할 능력을 주지 않으셨다면, 우리에게 용서하라고 명령하지 않으셨을 것이다.

그들이 대가를 치르게 하라

우리가 용서하지 못하는 마음과 씨름하면서 갖는 또 다른 생각은, '만약 내가 그들을 용서한다면, 그들을 고삐에서 벗어나게 하는 거야.'라는 생각이다.

우리는 때때로 누군가를 용서하는 것이 정의를 무너뜨리는 일이라고 생각한다. '그들은 무혐의로 풀려날 거야. 이번에도 그들이 쉽게 빠져나가도록 내버려두는 것은 그들에게 또다시 잘못을 저지를 수 있게 허락하는 것에 지나지 않아.'

인간의 관점에서 보면 이런 생각은 타당하다. 그러나 하나님의 방식을 생각하면 우리 생각이 바뀔 필요가 있다. 하나님의 말씀에 따르면, 잘못을 저지른 사람은 정당한 대가를 받게 된다. 하지만 그 벌을 내릴 책임이 '우리에게' 있지 않다.

내 사랑하는 자들아 너희가 친히 원수를 갚지 말고 하나님의 진노하심에 맡기라 기록되었으되 원수 갚는 것이 내게 있으니 내가 갚으리라고 주께서 말씀하시니라(롬 12:19).

누군가를 '궁지에 몰아넣으려고' 하는 것은 오직 하나님께 속한 역할을 취하려는 것과 같다. 손에 감옥 열쇠를 꼭 쥐고 우리 멋대로 정의를 집행하려는 것이다.

이것은 빚을 독촉해서 받아 내려는 오래된 부패한 사업이다.

로마서 12장의 말씀을 다시 읽어 보라. 주님은 "너희가 친히 원수를 갚지 말고 하나님의 진노하심에 맡기라… 원수 갚는 것이 내게 있으니 내가 갚으리라"라고 말씀하신다. 바울이 하고자 하는 말은, 당신이 가해자를 풀어 준다고 해서 그를 하나님의 고삐에서 벗어나게 하는 것은 아니라는 말이다. 용서는 가해자를 당신의 관할에서 벗어나게 해서 정의를 실현할 능력과 책임이 있으신 유일하고 의로우신 재판장 하나님께 넘겨주는 것을 뜻한다.

따라서 마치 가해자의 책임을 면제해 주는 불공평의 극치처럼 여겨지는 것이 실제로는 우리에게 자유를 주는 첫걸음이 된다.

창세기 마지막 부분에 나오는 요셉 이야기는 이 진리에 대한 감동적인 성경 이야기 중 하나다. 소년 시절과 청년 시절 내내 부당한 대우를 받고 억울하게 비난받았던 요셉은 이 모든 악한 일을 행한 사람들, 즉 그의 형제들에게 완전한 복수를 할 수 있는 자리에 서게 되었다. 요셉에게는 그들을 정의의 심판대에 세울 권리와 권한, 그리고 모든 수단이 있었다. 요셉의 형제들도 이 사실을 알고 요셉의 발

아래에서 떨고 있었다. 그들의 쇼는 끝났다.

하지만 마음이 심란한 그 형제들을 향해 요셉은 이렇게 말했다. "두려워하지 마소서 내가 하나님을 대신하리이까"(창 50:19).

얼마나 현명하고 겸손한 말인가! "내가 하나님을 대신하겠습니까? 당신들이 한 일에 대가를 치르게 하는 것이 나의 일이겠습니까? 이미 다 정리된 일인데 그것을 들춰내어 또 다른 부담을 안고 사는 것이 내가 정말 원하는 일이겠습니까? 복수가 그 모든 세월의 고통을 만회할 즐거움을 줄 수 있겠습니까?"

여기서 몇 가지 중요한 문제를 짚어 보자. 성경은 우리에게 죄지은 사람들을 용서하고, 그들을 쥐고 있는 '고삐'를 내려놓으라고 가르친다. 그러나 이것은 그들의 죄의 심각성을 최소화하거나 그들이 한 일이 '괜찮다'고 인정하는 것이 아니다. 또한 그들이 계속 죄를 짓도록 허락하거나 그들의 잘못에 대한 책임을 면제해 주는 것도 아니다.

예를 들어, 신체적 또는 성적 학대, 기타 범죄 행위, 또는 직장에서의 비윤리적인 관행을 생각해 보자. 하나님은 시민 사회와 교회에 각각의 권위 구조를 세워 주셨고, 그들에게 그릇된 행동을 처리할 책임을 부여하셨다. 학대나 기타 불법 행위의 경우 가해자를 당국에 신고하여 그들이 한 일에 대한 책임을 묻고, 처벌을 내리고, 향후 다른 사람에게 해를 끼치는 것을 방지할 수 있도록 하는 것은 옳은 일이며 실제로 필요하다.

그러나 그런 일을 하는 당신의 마음이 비통하거나 복수심으로 가득 차 있다면, 즉 복수심에 사로잡혀 있고 내심 그들의 몰락을 바란다면, 당신은 아직 용서하지 못한 것이다. 당신이 그 가해자를 정의의 심판대에 세우는 데 성공하더라도 당신은 하나님이 주시는 자유를 경험하지 못할 것이다. 실제로, 당신은 그 가해자 때문에 당신 자신을 감옥에 가두는 것이다.

살다 보면 때때로 어리석은 사람을 상대해야 할 때가 있다. 예를 들면, 구약성경에 나오는 아비가일과 나발의 이야기다. 나발의 이름은 '어리석은'이라는 뜻이다. 다윗이 아직 왕이 아니었을 때, 그는 나발에게 부하를 보내 나발의 양 떼와 가축을 보호해 준 데 대한 합당한 보상을 요구했다. 그러나 나발은 다윗의 부하들에게 욕을 퍼부으며 급하게 자기 영역에서 쫓아냈다.

이 보고를 들은 다윗은 분노했다. 그는 부하들에게 칼을 차고 복수하러 가도록 명령했다. 무슨 일이 벌어지고 있는지 깨달은 아비가일은 어리석은 남편을 변호하고 최선의 결과를 얻기 위해 서둘러 달려 나갔다. 비록 남편이 다윗이 계획한 모든 일을 당해도 마땅했지만 말이다.

사무엘상 25장을 읽어 보면, 아비가일이 다윗과 대화할 때 남편을 감싸거나 변명하지 않는 것을 볼 수 있다. 그녀는 남편의 어리석은 행동을 옹호하지 않았다. 그렇다고 남편을 무너뜨리려 하거나 누군가가 그녀의 편을 들게 하려고도 하지 않았다. 아비가일은 나발이 어떤 사람인지 부정하지는 않았지만, 최선의 결과를 위해, 즉 그가 절제력이 있고 제정신이라면 자기 자신을 위해 추구했을 축복과 보호를 위해 행동했다.

내가 하려는 말은, 어떤 사람이 자기 행동의 결과를 치를 때 어떻게든 그 사람을 보호해야 한다거나, 또는 누군가가 우리에게 가하는 모든 피해를 감수하고 가만히 앉아 있으라는 의미가 아니다.[4)]

단지 그들의 심판을 하나님보다 앞서서 우리가 앞당겨서는 안 된다는 점을 말하려는 것이다. 하나님은 우리 삶에서 나발처럼 행한 사람들을 다루실 것이다. 실제로 하나님은 그 나발을 다루셨다. 아비가일은 돌아와서, 술에 취한 남편이 깨어났을 때 자신이 한 일을 말해 주었다. 그러자 그는 충격을 받고 열흘 만에 죽고 말았다.

이 현명하고 통찰력 있는 여성은 자신이 남편의 파멸을 가져온 사람이 아니라는 것을 알기에 후회 없이 계속 살 수 있었다. 어리석은 사람과 함께 살았어도 그녀는 어리석게 행동하지 않았다.

잠언 11장 21절은 "악인은… 벌을 면하지 못할 것이나 의인의 자손은 구원을 얻으리라"라고 말한다. 우리는 우리 삶에서 나발과 같은 사람들을 대할 때 하나님의 지혜(어쩌면 목사나 다른 성숙한 성도의 조언)를 구해야 한다. 그러나 그들의 문제는 사실 하나님과의 문제라는 것을 기억해야 한다. 하나님이 친히 갚으실 것이다.

하나님의 사랑, 로나의 사랑

몇 년 전 나는 나발과 다르지 않은 남편을 둔 로나 윌킨슨(Lorna Wilkinson)이라는 사랑스러운 여인을 만났다. 그녀의 남편은 결혼 생활에 엄청난 불화와 불신을 가져왔다. 그는 알코올 중독자였는데 수

년에 걸쳐 상태가 악화하면서 술 중독에 수반되는 모든 어려움을 겪게 되었다. 로나는 재정적 압박과 남편의 무책임함, 전혀 신뢰할 수 없는 남편의 말과 행동으로 인해 혼란을 겪게 되었다.

로나는 언젠가 상황이 나아지고 그가 변하리라는 희망으로 21년의 긴 세월을 버텼다. 그리고 마침내, 이제는 충분히 할 만큼 했다고 판단했다. 이혼만이 그녀의 남은 삶을 구할 수 있는 최선이자 유일한 방법이라는 결론에 도달했다.

그녀는 필요한 모든 서류를 제출하고 남편에게 떠날 것을 요청했다. 그리고 새로운 출발을 준비했다.

그녀는 아직 신자가 아니었다. 그러나 그녀의 인생에서 가장 중요한 그 시점에, 하나님의 섭리 가운데 우연히 '리바이브 아워 하츠'(Revive Our Hearts)라는 라디오 프로그램을 듣게 되었다. 그때 나는 그 프로그램에서 용서에 대해 가르치고 있었다. 그녀는 하나님이 그리스도를 통해 베푸시는 놀라운 용서를 깨닫고 그 사랑에 사로잡혔다. 그녀는 하나님이 우리에게 완전한 자유를 주시기 위해 그리스도를 통해 우리 죄를 사하여 주셨으며, 그 사실은 우리가 다른 사람에게 동일한 용서를 베풀 수 있게 한다는 것을 배우게 되었다.

이 갈급한 여인은 목마른 마음으로 말씀의 진리를 마시며 매일 방송을 들었다. 얼마 지나지 않아 그녀는 눈을 뜨게 되었고 그리스도를 믿었다.

그러나 그녀의 이혼은 여전히 진행 중이었다. 그러던 어느 날 전화벨이 울렸다. 그녀의 남편이 병에 걸렸다는 전화였다. 그녀는 "그 당시 저는 여전히 좌절한 상태였기 때문에 화가 났어요."라고 고백했다. "저는 '왜 전화했어? 911에 전화하지 그래?'라고 말했지요."

그녀의 남편은 정말로 제때 그녀에게 전화한 것이었다. 그는 심장마비 증세가 일어난 상태였다.

그가 살아날 수 있을지 확신할 수 없는 상황에서 가족과 친지들이 병원에 모이기 시작했다. 로나도 그곳에 찾아갔다. 로나의 이야기를 들어 보면, 마음 한구석에는 남편과 함께 그곳에 있고 싶은 마음이 있으면서도, 다른 한편으로는 남편과의 관계를 정리하고 싶었다고 한다. 그러나 그녀의 마음 깊은 곳에서 주님은 "남편의 귀에 대고 살 곳을 걱정할 필요가 없다고 속삭여라. 그에게 집으로 돌아와도 된다고 말하거라."라고 말씀하시는 것 같았다.

그날 로나는 복잡한 관이 연결된 생명 유지 장치로 간신히 숨을 쉬고 있는 남편에게 가장 활력을 줄 수 있는 최고의 선물, 즉 용서의 선물을 주었다.

하나님의 은혜로 남편은 회복되었다. 그는 변화된 사람이 되어 집으로 돌아왔다. 기적처럼 담배나 술에 대한 충동을 더는 느끼지 않았다. 그는 정규직으로 취직하여 성실하게 일하며 가족을 부양하기 시작했다. 가정에 새로운 사랑이 돌아났고, 기도와 예배의 열망이 생겨났다. 그들은 영원한 것에 초점을 맞추게 되었다. 꽃과 엽서와 촛불이 켜진 저녁 식사가 그 가정에 생겨났다.

회복하는 과정 초기에 로나의 마음속에는 예전의 감정이 다시 밀려오는 순간들도 있었다. "주님, 저는 이 일을 할 수 없어요." 그녀는 기도하며 외치곤 했다. "주님이 저에게 바라시는 그런 사랑으로 그를 사랑할 수 없어요. 하지만 주님, 제게 '당신의 사랑'을 주시고, 그 사랑이 저를 통해 이 남자에게 흘러가게 해 주세요."

그리고 어느덧 하나님의 사랑이 그 끔찍한 기억을 서서히 녹였다. 고린도전서 13장에 나오는 사랑의 구절이 하나씩 그녀의 마음속에 들어왔다. "사랑은 오래 참고 사랑은 온유하며… 자기의 유익을 구하지 아니하며… 진리와 함께 기뻐하고… 모든 것을 참으며 모든 것을 믿으며 모든 것을 바라며 모든 것을 견디느니라"(4-7절).

하나님의 사랑이 그들의 가정을 가득 채우기 시작하면서, 로나와 남편은 그녀가 항상 꿈꿔 왔지만 포기했던 그런 행복한 결혼 생활을 경험할 수 있었다. 그리고 부부가 화해한 지 4개월 후, 로나의 남편은 어느 날 아침 일찍 그녀를 깨우며 말했다. "하나님이 우리를 사랑하신 것처럼 남편은 아내를 사랑해야 한다는 것을 깨달았어. 로나, 당신에게 말하고 싶은 것이 있는데, 이 순간 나는 당신을 그런 사랑으로 사랑해."

이것이 그녀가 남편에게서 들은 마지막 말이었다. 그는 이 말을 한 후 몇 시간이 지나지 않아 두 번째 심장 마비로 주님이 계신 하늘로 올라갔다.

만약 로나가 논리적이고 일반적인 방법, 복수심을 따르는 방법, 즉 용서하지 않는 길을 선택했다면 로나와 그녀의 아이들이 지금 어떤 상태에 있을지 상상해 보라. 여전히 엉망진창이었을 삶과 평생 남아 있을 후회를 상상해 보라.

그녀의 남편이 사망하고 몇 년이 지난 후, 나는 스튜디오에 앉아 로나와 라디오 인터뷰를 하게 되었다. 그녀의 이야기를 들으면서 나는 눈물을 흘리지 않을 수 없었다.

그녀는 청취자들에게 "결혼 생활을 포기하지 마세요."라고 부탁했다. "배우자를 포기하지 마세요. 기도로 주님께 간구하세요. 그리고 항상 기억할 것은, 당신의 힘으로 할 수 없는 일을 주님께 맡기면 주님이 당신을 위해 당신 안에서 그 일을 해 주신다는 사실입니다."

삭제 키

로나처럼 하나님의 은혜로 삭제 키를 눌러 용서하고 기록을 지우기로 했다는 내용의 편지와 답장을 보내 주신 분들이 얼마나 많았는지 모른다.

그런데 삭제 키를 눌렀다고 해서 그 사람들의 모든 문제가 자동으로 해결되었을까? 그렇지는 않다. 그들의 상황이 완전히 달라졌을까? 항상 그런 것은 아니다. 당장 달라지는 것도 아니다.

모든 결혼이 로나의 방식처럼 해결되는 것은 아니다. 심지어 용서해도 문제가 해결되지 않을 수 있다. 그러나 상황이 완전히 정리된다거나 나아지지 않더라도, 결과가 보이지 않을지라도, 당신은 여전히 하나님이 당신에게 요구하신 일을 행했다는 사실을 알 수 있다. 주님의 은혜와 사랑이 당신을 통해 흐르기 때문에 당신은 '계속' 용서할 수 있다. 그리고 당신은 주님의 평강을 누리며 살아갈 수 있다.

바울이 빌립보서 4장 7절에서 말했듯이, 하나님의 평강이 당신의 마음, 즉 당신의 감정과 느낌을 '지킬' 것이다. 그 평강은 당신의 지각, 즉 당신의 생각과 결정을 지킬 것이다. 그 이유는 하나님의 평강이 "그리스도 예수 안에서" 당신의 삶 가운데 이러한 일을 감당해 낼 것이기 때문이다. 그리스도이신 예수님은 모든 것을 용서한다는 것이 어떤 의미이며 또한 어떤 대가를 치러야 하는지 잘 아신다.

평강은 용서를 택하는 당신에게 주신 하나님의 약속이다.

적·용·하·기

1. 당신 삶에서 하나님께 맡겨야 할 '나발'이 있는가? 용서, 용기, 지혜, 믿음을 나타내기 위해 당신은 어떤 식으로 반응하는가?

2. 당신에게 죄지은 사람을 용서하지 못하게 하는 거리낌 혹은 두려움의 감정은 무엇인가? 하나님은 그러한 우려에 대해 뭐라고 말씀하시는가?

3. "용서는 약속이다. 하나님께도, 죄를 지은 사람에게도, 다른 누구에게도 다시는 그 사람이 지은 죄를 들먹이지 않겠다는 약속이다." 이 진술에 비추어 볼 때 당신이 용서해야 할 사람이 아직 있는가? 삭제 키를 눌러서 그 죄를 잊기로 하겠는가?

Choosing Forgiveness

04
예수님 때문에 용서하라

하나님의 영광을 위해, 그리고 철저한 겸손 가운데
내가 말할 수 있는 것은
내가 하나님 앞에서 나 자신을 보고
나의 복 되신 주님이 나를 위해 행하신 일 중
일부라도 알게 된다면,
나는 누구든 무엇이든 용서하게 된다는 것이다.

마틴 로이드 존스(D. Martyn Lloyd-Jones)

수년 동안 나는 미국 전역의 지역 교회에서 부흥 집회를 인도하는 팀에 속해 있었다.[1] 나는 하나님의 영이 어떤 특정한 교회에서 특이한 방식으로 역사하여 많은 교인이 깨어지고 회개하게 된 사실을 기억한다. 몇 주간 진행되던 집회 도중 한 의사가 강렬한 죄책감에 시달리다가 마침내 자신이 지은 가장 무서운 비밀을 아내에게 고백했다. 그는 자신의 사무실에서 일하는 간호사와 내연 관계를 지속해 오고 있었다.

어쩌면 당신은 이 아내의 심정이 어떠했을지 잘 알지도 모른다. 당신에게 그런 경험이 있을 수도 있다. 그 충격, 배신, 치욕, 이기심은 여전히 당신의 마음을 아프게 할 것이다.

우리 중 누구라도 그러한 비밀을 처음 알았을 때 어떻게 반응해야 할지 전혀 알 수 없을 것이다. 이 남자의 아내도 어찌할 바를 몰랐다. 물론 충격이 컸고, 그 고통을 감당하기 힘들었다. 하지만 어찌 된 일인지 남편의 불륜으로 고민하는 과정에서 그녀는 남편을 용서해야 한다는 마음을 갖게 되었다. 그것은 단지 현실을 부정하려는 것이 아니었다. 나중에 그녀는 이렇게 자세히 설명했다. "하나님이 나를 그토록 완전하게 용서해 주셨는데 어떻게 내가 그를 용서하지 않을 수 있겠어요?"

놀랍게도 그녀는 하나님의 은혜에 이끌려 그 '상대 여자'에게 편지를 써서 그녀를 용서했다는 확신을 주기까지 했다. 바로 그다음 날 그 상대 여자가 집 앞에 나타나 눈물을 흘리며 외쳤다. "당신의 용서로 인해 제가 주님을 알게 되었습니다."

현실에서 어떻게 이런 일이 일어날 수 있을까? 감정을 가진 사람에게 가능한 일인가?

어쩌면 더 나은 질문은 '어떻게'가 아니라 '왜'일 것이다.

그리고 이 질문에 대한 답은, 우리에게 상처를 준 사람에게 피상적이고 감상적인 반응을 보이는 것이 아니다. 아무 일도 없었다는 듯, 아무렇지도 않은 듯 어깨를 으쓱하는 것이 아니다.

오스왈드 챔버스는 그의 고전 묵상집 『주님은 나의 최고봉』(My Utmost for His Highest)에서, 용서 문제의 가장 중요한 핵심은 그리스도의 십자가라는 사실을 상기시킨다. 십자가를 벗어나서는 그 어떤 용서도 가능하지 않다. 십자가는 사소한 문제가 아니다.

하나님이 사랑이시기 때문에 우리를 용서해 주신다고 말하는 것은 얄팍한 헛소리다. 하나님의 사랑은 다름 아닌 갈보리 십자가를 의미한다. 하나님의 사랑은 다른 곳이 아니라 십자가에 새겨져 있다. 하나님이 나를 용서하실 수 있는 유일한 근거는 주님의 십자가다.[2)]

우리는 이 사실을 쉽게 잊는다. 단지 하나님이 원하셨기 때문에 순수하게 그분의 자비 가운데 우리를 용서해 주셨다고 생각한다. 즉, 용서는 하나님의 방식을 벗어날지라도 하나님이 개의치 않으시고 우리에게 특별히 베푸시는 친절이라고 생각한다.

그러나 우리가 용서를 얻은 근거가 무엇인지 깨달을 때, 그것은 큰 변화를 불러온다. 하나님이 우리를 용서하신 것처럼 우리도 다른 사람을 용서하려면 하나님이 우리를 어떻게 용서하셨는지 먼저 이해해야 한다.

갈보리 십자가는 우리가 헤아릴 수 없는 고통을 요구했다. 예수님은 십자가에서 우리 죄를 대신 지시고 아버지와 하나 됨이 끊어지는 무서운 고통을 감당하셨다. 그분은 단 한 순간도 그가 경외하는 아버지와 분리된 적이 없으셨다. 우리는 그 고통이 어떤 것인지 전혀 헤아릴 수 없다.

아버지와 아들의 영원한 사귐이 우리 죄의 대가로 인해 처음으로 중단되었을 때 예수님이 어떤 고통을 견뎌야 하셨을지 우리는 그저 상상만 할 수 있을 뿐이다.

그러나 챔버스는 이 "엄청난 비극" 때문에 우리가 용서를 받는다고 썼다. "이 외의 다른 근거로 용서를 구하는 것은 무의식적인 신성

모독이다."³⁾

그의 말은 강하다. 다음 성경 구절도 마찬가지다. "우리는 그리스도 안에서 그의 은혜의 풍성함을 따라 그의 피로 말미암아 속량 곧 죄 사함을 받았느니라"(엡 1:7). "그는 우리의 화평이신지라 둘로 하나를 만드사 원수 된 것 곧 중간에 막힌 담을 자기 육체로 허시고"(엡 2:14).

용서는 쉽게 거저 주어지는 것이 아니다. 용서는 어렵게 주어진다. 값비싸다. 고통스럽다.

하지만 이러한 갈보리만이 우리를 진정으로 변화시키며, 우리를 향한 하나님의 용서가 실제가 되게 한다. 사실, 갈보리는 하나님이 우리를 실제로 용서하시는 유일한 방법이다.

어떻게 이것이 가능한가?

하나님의 허락 없이는, 그리고 우리를 향한 그분의 영원한 사랑과 뜻을 통하지 않고는 그 어떤 사건도 신자의 삶에 일어날 수 없다는 말을 들어 보았을 것이다. 우리는 이 사실을 욥의 이야기, 즉 하나님이 사탄에게 욥의 삶에 정해진 만큼의 고통을 가하도록 허락하신 이야기에서 매우 분명하게 본다.

그렇다면 이는 당신이 어떤 위기에 직면했든, 당신 삶에서 용서할 수 없는 마음을 불러일으킨 어떤 사건이든, 하나님이 그것을 막으실 수 있었다는 것을 의미한다. 하지만 하나님은 막지 않으셨다.

나는 이것이 성경에서 어려운 교훈 중 하나라는 것을 인정한다. 만물을 다스리시는 거룩하신 하나님이 그분의 영원한 목적을 이루시기 위해 어떻게 죄 많은 세상에 관여하시는지 우리는 그 복잡함을 헤아릴 수 없다. 그러나 우리가 너무나 잘 알고 자주 반복하는 성경 구절 중 하나인 다음 구절은 우리가 이해하지 못해도 반드시 인내해야 할 충분한 이유를 제시한다. "우리가 알거니와 하나님을 사랑하는 자 곧 그의 뜻대로 부르심을 입은 자들에게는 모든 것이 합력하여 선을 이루느니라"(롬 8:28).

하지만 어떻게 그럴 수 있는가? 어떻게 우리는 이 사실을 확신할 수 있는가? 어떻게 그렇게 사악한 일이 용서받을 수 있으며, 가치 있는 결과를 낳을 수 있다는 것인가?

적어도 부분적으로 그 답은 "하나님이 미리 아신 자들을 또한 그 아들의 형상을 본받게 하기 위하여 미리 정하셨"다는 데 있다(롬 8:29).

만약 당신이 하나님의 자녀라면, 당신이 겪고 있는 시련이 아무리 잘못되고 불공평하고 무정한 것이라 해도 하나님의 섭리와 그의 능하신 손이 당신을 더 좋은 곳으로 인도하실 것이다. 그분의 가슴 더 깊은 곳, 더 큰 믿음과 신뢰의 자리로, 더 완벽하게 그리스도를 닮는 자리로 이끄는 데 쓰이게 될 것이다.

타락한 세상에서 사악한 죄의 결과로 고통받는 사람들(우리 모두 어느 정도는 겪지만)을 위한 십자가와 그 의미를 다시 생각해 보라. 여기에 의심할 여지 없이 우주에서 가장 끔찍한 범죄가 있다. 초대교회 신자들의 기도에서 볼 수 있는 것처럼, 악한 사람들이 "합세하여 하나님께서 기름 부으신 거룩한 종 예수를 거슬러 하나님의 권능과 뜻대로 이루려고 예정하신 그것을 행하려고"(행 4:27-28) 그곳에 모였다.

누가 갈보리를 계획했는가? 그런 잔혹함에서 선한 것이 하나라도 나오리라고 누가 예상할 수 있겠는가?

부활을 내다보실 수 있는 하나님께만 가능한 일이었다.

하나님은 당신의 고통과 억울함이 어떤 것인지 정확히 아시며, 그분의 모든 자녀가 견디는 모든 시련의 깊이와 길이와 높이를 정확히 보신다. 그분은 당신의 삶을 위한 그분의 영원하고 사랑스러운 계획을 방해하거나 망쳐 놓을 어떤 상황도 당신 삶에 허용하지 않으실 것이다.

십자가의 고통조차 하나님이 그분의 아들을 향한 계획을 이루시는 것을 막을 수 없었다면, 당신의 삶에서 과거 또는 현재의 어려움이 아무리 크더라도 그것이 당신을 향한 하나님의 계획을 이루시려는 그분의 바람이나 능력보다 더 클 수 있을까?

사랑하는 자여, 그분은 이것조차도 사용해서 당신의 삶 속에서, 그 삶을 통해서 그분의 구원과 거룩하게 하시는 일을 성취하실 것이다.

용서의 세 가지 측면

용서의 필요성을 생각할 때 당신 삶에 가장 큰 영향을 미친, 그래서 가장 빨리 떠오르는 범죄는, 아마도 어린 시절의 경험이나 십 대 시절의 만남과 같은 먼 과거의 상처일 것이다.

아니면 배우자나 장성한 자녀, 친척, 룸메이트, 직장 동료와의 계속되는 다툼일 수도 있다. 또 어쩌면 너무 오랫동안 나쁜 관계로 지내서 사실상 관계가 단절된 상황일 수도 있다. 어떤 사람을 떠올리기만 해도 분노와 상심, 그리고 온갖 부정적인 감정이 끓어오르는 것일 수도 있다.

당신은 그 사람을 피한다. 당신이 할 수 있는 최선은 그 사람을 모른 척하는 것이며, 가장 원치 않는 일은 그 사람과 통화하는 일일 것이다. 당신은 그때의 일을 생각하지 않으려고 노력한다.

사도 바울은 그의 가장 짧은 서신에서 과거부터 그때까지 진행 중이던 어떤 상황을 소개한다. 누군가가 해를 입었고 신뢰가 깨졌다. 한 사람의 행동으로 인해 문제가 발생했고, 그 문제는 아직 해결되지 않았다.

그것은 빌레몬의 실제 이야기다. 빌레몬은 사회적 지위가 높은 부자였으며, 바울의 사역을 통해 그리스도께 나아오게 된 신자였다. 세월이 지나면서 빌레몬의 기독교 신앙은 그의 삶에 분명한 열매를 맺었다. 바울은 그의 사랑 많은 모습을 칭찬했다. 빌레몬은 고향 골로새에서 교회 모임을 위해 기꺼이 자기 집을 개방했다. 그는 누가 봐도 독실한 하나님의 사람이었다.

그런데 빌레몬의 노예 중에 오네시모라는 사람이 빌레몬의 기술력과 노동력뿐만 아니라 많은 재산을 훔쳐 달아났다. 오네시모는 골로새에서 약 2천 킬로미터 떨어진 로마로 도망쳤다. 오네시모는 아마도 같은 위험을 무릅쓰고 도망친 수천 명의 다른 도망자들과 함께 군중 속에 숨고자 했을 것이다.

그러나 오네시모는 하나님의 완전한 섭리 가운데 로마 감옥에서 바울을 만나게 되었다. 그때 바울은 재판을 기다리며 가택 연금 중이었다. 그 두 사람이 대화를 나누는 동안 복음이 전해졌다. 한때 노예였던 오네시모는 예수 그리스도를 영접했다. 그리고 그는 이리저리 떠도는 도망자가 아니라 위대한 사도 바울의 친구이자 조력자가 되었다.

그러나 바울은 오네시모가 빌레몬에게 행한 일의 책임을 피할 수 없다는 것을 알고 있었다. 오네시모는 돌아가서 용서를 구하고 화해해야 했다. 바울은 오네시모가 골로새에 돌아가서 오해받거나 노예 사냥꾼들에게 붙잡히는 것을 막기 위해 그를 보호할 동반자 한 사람을 보내며 상황을 설명하는 편지도 함께 보냈다.

그 편지 덕분에 우리는 이 이야기가 어떻게 펼쳐졌는지 알 수 있다.

이 이야기의 세 주인공은 용서를 이루는 세 가지 '요인'에 대한 통찰력을 제공한다. 삶의 다양한 시점에서, 우리는 이 역할 중 어느 하나에 각각 처하게 될 가능성이 크다.

먼저, 우리는 범죄자인 오네시모가 과거의 잘못을 바로잡고 화해를 모색하기 위해 되돌아가는 것을 본다. 그리고 화평케 하는 사람인 바울이 있다. 바울은 양측을 하나로 묶고 그들의 교제를 회복시키기 위해 노력한다(화평케 하는 자들로 인해 하나님께 감사드린다!).

세 번째는 피해를 당한 빌레몬이다. 그는 자신에게 해를 끼치고 고통을 준 이 사람을 용서할 뿐만 아니라 지속적인 관계를 회복해야 한다는 부탁을 받았다. 그러려면 그는 자신이 당한 악한 일과 손실을 감당해야 했다. 더 나아가 가출한 노예를 그리스도 안에서 완전히 새로운 관계인 형제로 기꺼이 받아들여야 했다.

성경은 이 상황이 어떻게 전개되었는지에 대해 말하지 않는다. 하지만 역사는 우리에게 무슨 일이 일어났는지 희미한 힌트를 준다.

오네시모가 빌레몬을 만난 지 수십 년 후, 초기 교부 중 한 명이 에베소 교회에 편지를 썼다. 그런데 이 편지에서 그 교부는 에베소 교회에서 섬기는 목사를 "말로 표현할 수 없는 사랑을 가진 사람, 오네시모"라고 언급한다. 물론, 이 사람이 빌레몬의 이야기에 나오는 오네시모와 동일 인물인지는 확인할 수 없다. 하지만 같은 사람일 가능성이 크다.

우리는 하나님의 은혜로 회복된 가해자가 단순히 가해 사건 이전 상태로 되돌아가는 것이 아니라는 사실을 안다. 죄를 지었던 가해자는 주님의 크신 자비를 통해 죄 사함을 선언 받고, 그가 꿈꾸던 삶보다 더 많은 열매를 맺는 삶으로 회복될 수 있다.

십자가에서 우리에게 발생한 일이 바로 그런 회복이 아닌가?

우리가 그리스도의 용서를 통해 '새로운 피조물'로 선포되고 변화되는 것처럼, 우리의 큰 소망은 우리가 다른 사람들을 용서할 때 그들도 새로운 피조물로 변화되어 자유를 누리는 것이 아니겠는가? 바울은 이 사실을 간결하게 요약했다. "모든 것이 하나님께로서 났으며 그가 그리스도로 말미암아 우리를 자기와 화목하게 하시고 또 우리에게 화목하게 하는 직분을 주셨으니"(고후 5:18).

바울은 그 누구보다도 구원하여 변화시키는 은혜의 경이로움을 잘 알고 있었다. 한때 그리스도와 교회를 모독하고 핍박했던 그는 도저히 갚을 수 없는 빚을 탕감받았을 뿐만 아니라, 그리스도와 함께 상속자가 되어 그리스도 예수 안에서 하나님의 모든 풍성함을 받아 누릴 수 있게 되었다.

사도 바울은 그의 남은 생애를 이 놀라운 은혜를 다른 사람들도 경험하고 또한 전할 수 있도록 돕는 일에 쏟아부었다. 이 은혜는 오네시모, 빌레몬, 그리고 당신과 나와 같은 사람들을 하나님과 화목하게 하고 또한 서로와 화목하게 한다.

이것이 바로 십자가의 의미다.

당신 자신을 용서했는가?

그렇다. 하나님이 우리 죄를 용서하시기 위해 얼마나 엄청난 대가를 치르셨는지 알게 된다면 우리의 심장은 흔들릴 것이다. 우리의 구원을 위해 하나님은 한없이 깊은 고통을 당하셨다. 그분의 아들은 피를 흘리셔야 했다. 갈보리가 필요했다.

하지만 우리의 구원은 그 이상을 요구한다. 오직 하나님만이 행하실 수 있는 행위가 필요하다. 챔버스의 글을 다시 인용하자면, "용서는 하나님의 은혜의 기적이다."[4] 그것은 오직 하나님만이 하실 수 있는 일이다.

당신은 당신에게 깊은 상처를 준 그 사람을 용서할 수 없을 것이다. 심지어 그가 아직도 당신을 거칠게 대하고 함부로 대한다면 용서는 더 불가능해 보일 것이다. 그렇다. 당신에게 용서는 불가능하다! 그러나 하나님께는 어려운 일이 있을 수 없다. 그분은 당신을 통해 용서와 화목을 이루실 수 있는 분이다.

그렇다. 오직 하나님만이 죄를 용서하실 수 있다. 예수님의 사역 초기에 어떤 사람들이 중풍병자 한 사람을 데려와 병 고침 받기를 원했다(눅 5:17-26). 그들은 예수님 주변에 사람이 너무 많아서 다가갈 수 없자 지붕을 뚫고 그 친구를 아래로 내려보냈다. 예수님은 그 중풍병자에게 "이 사람아 네 죄 사함을 받았느니라"(20절)라고 말씀하셨다. 그러자 바리새인들은 "이 신성 모독하는 자가 누구냐 오직 하나님 외에 누가 능히 죄를 사하겠느냐"(21절)라고 항의했다.

물론 그들의 태도는 많은 문제가 있었지만, 그들의 질문은 옳은 것이었다. '하나님 외에 누가 죄를 용서할 수 있는가?' 아무도 없다.

특히 다른 사람과의 문제가 아니라 자신이 행한 일 때문에 후회와 수치, 죄책으로 "나는 나 자신을 용서할 수 없어."라고 말할 때(나도 이 말을 자주 들어 왔다) 이 사실을 기억하는 것이 중요하다.

어쩌면 당신은 과거에 '좀 더 나은 결정'을 하느라 좋은 직장과 안정된 삶을 놓치고 어려움을 겪고 있을지 모른다. 잠깐의 부주의 때문에 자녀를 위험에서 지켜 주지 못했을 수도 있다. 10년 전쯤 낙태를 했을 수도 있다. 당신이 자신을 용서할 수 없는 사건은 얼마든지 있을 수 있다.

선의를 가진 친구나 상담사가 당신에게 당신 자신을 용서하는 것이 치유와 회복의 첫걸음이라고 말할지도 모르겠다. 문제는 성경 어디에도 이런 식으로 마음의 상처를 다루라고 지시하는 말씀이 없다는 것이다. 오히려 하나님은 우리에게 '그분의' 용서를 받으라고 재촉하신다.

사실, 바울은 이렇게 말한다. "만일 하나님이 우리를 위하시면 누가 우리를 대적하리요 자기 아들을 아끼지 아니하시고 우리 모든 사람을 위하여 내주신 이가 어찌 그 아들과 함께 모든 것을 우리에게 주시지 아니하겠느냐 누가 능히 하나님께서 택하신 자들을 고발하리요 의롭다 하신 이는 하나님이시니"(롬 8:31-33).

나 자신을 용서해야 한다는 강박감이 든다면, 그것은 우리에 대한 하나님의 용서를 의심하거나 그 용서를 받아들이고 싶지 않다는 표시가 아닐까? 하나님의 용서마저 우리에게 충분하지 않다면 도대체 어떤 용서를 받아야 할까? 하나님께 용서할 수 없는 그런 죄가 있는 것일까? 하나님이 우리를 용서하셨다면 우리의 상태는 깨끗하다. 더 용서받을 것이 무엇이 있겠는가?

용서는 나 자신에게 기대하기에는 너무 큰 기적이다. 자기 힘으로 자기를 용서하려는 것은 결코 이루어질 수 없는 일을 바라는 것과 같다.

하나님은 당신을 용서하신다. 하나님은 당신을 용서할 수 있는 유일한 분이시다. 예수님이 당신의 죗값을 치르기 위해 십자가에서 목숨을 바치셨을 때 그분은 "다 이루었다"라고 말씀하셨다. 당신의 죗값은 전부 지불되었다. 예수님이 이루신 일을 믿음으로써 당신은 용서받는다. 당신이 행하는 그 어떤 일도(당신이 무엇을 하더라도) 당신의 죄책을 덜어 줄 수 없다.

윌리엄 쿠퍼(William Cowper, 1731-1800)는 많은 작품을 남긴 재능 있는 영국 작가이자 시인으로, 존 뉴턴(John Newton)과 친밀한 친구였다. 쿠퍼는 평생 심각한 우울증과 정신적, 정서적 불안정으로 고생했다.

한때 그는 불안과 착란 상태에서 자살을 시도했다. 처음에는 강물에 몸을 던졌고, 그다음에는 아편을 치사량만큼 섭취했으며, 칼에 엎어지기도 했다. 그러나 다 실패하자 그는 마지막으로 목을 맸다. 그런데 목을 맨 끈이 끊어지는 바람에 의식을 잃고 바닥에 쓰러졌다가 구조되었다.

훗날 쿠퍼가 사망한 지 몇 년 후, 한 기사에서는 그의 인생을 회고하며 그가 겪은 극심한 후회와 고뇌를 이렇게 묘사했다.

> 그는 자신에게 말로 표현 못 할 모멸감을 느꼈다. …그는 하나님을 너무 크게 실망하시게 했다고 느꼈고, 그의 죄를 절대 용서받을 수 없으리라고 생각했다. 그의 온 마음은 절망의 고통으로 가득 차 있었다.[5]

그러나 육신의 고통에서 회복된 그는 어떤 죄도 하나님이 도말하시기에 너무 클 수 없다는 사실을 깨달았다. 고통스러운 경험에서 벗어난 후, 그는 죄책감에 시달리는 수천수만의 죄인을 진정한 안식과 자유의 유일한 원천인 십자가로 인도하기 위해 글을 쓰기로 했다.

임마누엘의 정맥에서 흘러나온 피로 샘이 가득하도다.
그 피의 샘에 빠진 죄인들은 모든 죄의 얼룩이 지워졌도다.
죽어 가는 도둑도 그의 시대에 그 샘을 보고 기뻐했다.
그 도둑처럼 사악한 나도 거기서 모든 죄를 씻을 수 있으리라.[6]

'모든 죄를 사함 받았다.' 당신은 이 경험을 했는가?
갈보리에서 그리스도의 희생은 모든 죄, 그리고 당신의 죄를 용서하기에 충분하다. 용서는 당신이 당신 자신에게 줄 수 있는 것이 아니다. 용서는 주님이 당신을 위해 값을 치르고 주시는 것이다. 믿음으로 그 죄 사함을 받아들이고 자유를 누리라.

복음의 씨앗들

자기 자신을 용서해야 한다는 생각은 복음에 뭔가를 더하려는 것과 같다. 사도 바울은 당시 복음을 완전하고 충분한 것으로 받아들이지 않고 조건과 요구를 더하려는 사람들을 매우 엄격하고 직설적으로 다루었다. 우리는 그리스도 안에서 용서받았으며 그것으로 충분하다.

자기 자신을 용서하려는 것이 복음에 뭔가를 더하려는 시도라면, 다른 사람을 용서하지 않는 것은 확실하게 복음을 훼손하는 것이다. 이렇게 생각해 보자. 우리는 하나님의 은혜로 용서받은 죄인이다. 그래서 우리는 세상으로 나아가, 길 잃은 죄인들에게 용서의 필요를 말한다. 그리고 확신 가운데 이렇게 주장한다. "그분은 당신을 용서하실 수 있고, 당신을 깨끗하게 하실 수 있습니다. 당신을 자유롭게 하실 수 있습니다."

하지만 이 사람들은 우리를 알고 있다. 그들은 우리와 같은 사무실에서 일하는 사람이거나, 우리의 헤어디자이너이거나, 우리와 함께 앉아 점심을 먹는 사람이다. 그들은 우리와 같은 동네에 살고, 우리가 하는 말을 듣는 사람이다. 그들은 우리가 우리의 과거 여자 친구, 시댁 또는 처가 식구, 우리 집 부엌 바닥을 망쳐 놓은 인부, 학교 연극에서 우리 아이에게 주역을 맡기지 않은 교사에 대해 원망하는 것을 듣는다.

그러므로 그리스도의 복음에 대한 우리 삶의 메시지는 공허하게 들린다. 하나님께 용서받았다고 말하는 우리가 다른 사람을 용서하지 않을 때, 우리가 전하는 하나님의 은혜와 자비의 메시지는 믿기 어렵다.

반면에 우리가 다른 사람에게 주님의 용서를 베풀 때 우리가 선포하는 복음은 가장 확실한 진리로 온 세상에 증거될 수 있다.

댈러스 경찰관 앰버 가이거(Amber Guyger)는 다른 사람의 아파트를 자기 아파트로 착각해 살인 사건을 저지른 인물이다. 그녀는 스물여섯 살 된 청년, 보탐(Botham)을 살해한 혐의로 10년 형을 선고받았다. 그녀의 선고 공판에서 보탐의 동생인 열여덟 살 소년 브랜트 진(Brandt Jean)은 충격적인 용서의 말을 전해 수많은 사람에게 감동을 주었다.

브랜트는 진심으로 미안한 마음을 가진 그 여자 경찰관에게 이렇게 말했다. "당신이 미안한 마음을 갖고 있다면 나는 당신을 용서합니다. 그리고 당신이 하나님께 가서 그분께 구하면 그분도 당신을 용서하실 것입니다. …나는 당신이 잘되기를 바랍니다." 브랜트는 이어서 말했다. "이것이 바로 제 형 보탐이 당신에게 바라는 일이라는 것을 알기 때문입니다." 그는 유죄 판결을 받은 그녀에게 그리스도께 삶을 바치라고 호소했다. 그리고 용서의 표시로 가이거를 안아 주어도 되는지 판사에게 물었다. 이 감동적인 영상은 전 세계 디지털 및 인쇄 매체를 통해 보도되었다. 어떤 사람들은 감동했고, 어떤 사람들은 분노했다. 그리고 몇 시간 만에 트위터에는 '용서'라는 단어가 유행어처럼 번졌다.[7]

네팔 동부 시골의 산탈(Santhal) 부족에서 기독교로 개종한 수십 명의 사람들의 예를 보자. 그 부족의 일원이었던 한 여성이 그리스도를 따르기로 하자, 가족과 이웃들은 그녀를 심하게 구타했다. 그녀는 병원에 입원해야 했고, 결국 부상으로 사망했다. 현지 경찰은 여러 사람을 살인 혐의로 체포하고 기소했다. 그러나 그 마을에 사는 기독교인들은 그 살인자들을 용서한 후 기소를 취하해 달라고 요청했다.

이러한 은혜의 모습에 놀란 마을 사람들은 마음이 부드러워졌고, 수백 명이 복음을 듣기 위해 몰려들었다. 그 후 수많은 사람이 그리스도께로 돌아왔고, 마을에는 새로운 교회가 세워졌다.[8]

사도 바울의 경우를 보자. 그는 성난 군중 곁에 서서, 스데반이라는 '신성 모독자'를 죽이는 사람들의 외투를 지켜 주었다.

스데반은 돌팔매질을 당해 죽으면서 크게 소리쳤다. "주여 이 죄를 그들에게 돌리지 마옵소서"(행 7:60). 나중에 바울은 그리스도를 잘 알게 되고 예수님이 십자가에서 죽으면서 하신 말씀을 알게 되었을 때, 스데반이 죽으면서 외친 이 말을 떠올렸을 것이다.

여기에 양측을 연결한 한 사람, 스데반이 있다. 그는 그리스도께 받은 것을 그리스도를 통해 그를 살인한 자들에게 전해 주었다. 십자가가 연결 고리를 만들었다. 용서를 받았으니 용서를 전했다.

침묵의 칼

고전 영화 '벤허'(Ben-Hur)를 보았다면, 청년 유다 벤허(Judah Ben-Hur)가 로마 백부장을 폭행했다는 누명을 쓰는 장면을 기억할 것이다. 그 결과 그는 집과 재산을 몰수당한다. 그의 어머니와 누이는 지하 감옥에 갇히고, 그곳에서 굶주림과 병균으로 인해 두 사람 모두 나병에 걸린다. 한편 유다는 노예가 되어 로마 군함 안에서 채찍질을 당하며 노를 젓는다.

이 모든 일을 꾸민 사람은 유다를 로마인들에게 넘겨준 그의 어린 시절 친구 메살라(Messala)였다.

세월이 흐르면서 유다는 로마인들 전체, 특히 메살라에 대한 증오와 복수심에 사로잡힌다. 마침내 상황이 바뀌어 고국으로 돌아오게 된 유다는 그의 가족이 당한 비참한 일들을 떠올리며 분노한다.

어린 시절 연인이었던 에스더(Esther)와 재회한 그는 고통의 무게에 짓눌려 더욱 힘들어한다. 그리고 그녀와 대화하는 동안 자신을 한없이 괴롭히는 분노의 독을 토해 낸다.

공교롭게도 바로 그날, 에스더는 예수라는 사람의 이야기를 들었다. "당신이 나사렛에서 온 이 사람의 말을 들었더라면…." 그녀는 그분의 말씀을 떠올리며 아쉬워한다. "예수님은 '긍휼히 여기는 자는 복이 있나니 그들이 긍휼히 여김을 받을 것임이요'라고 말씀하셨어요. '화평하게 하는 자는 복이 있나니 그들이 하나님의 아들이라 일컬음을 받을 것임이요'라고 말씀하셨지요. 오늘 그 산에서 들은 말씀은 '너희 원수를 사랑하며 너희를 미워하는 자를 선대하며'라는 것이었어요."

유다는 그녀의 말에 무뚝뚝하게 반응하더니 이내 화를 냈다. 그는 긍휼과 화평에는 관심이 없고 원수를 사랑할 생각도 없었다.

그러자 에스더가 눈물을 흘리며 대답한다. "내가 사랑했던 사람은 유다 벤허였어요! 그에게 무슨 일이 있었던 거죠? 당신은 지금 악을 악으로 갚으면서 당신이 죽이려는 바로 그 사람이 되어 가고 있어요. 증오가 당신을 차가운 돌처럼 만들고 있어요." 그녀의 그다음 말이 유다의 가장 깊은 곳을 찔렀다.

"당신은 마치 메살라가 된 것 같아요."

잠시 멈추어 생각해 보자. 당신도 당신에게 상처를 준 사람과 똑같이 변해 가고 있는 것은 아닌가? 당신이 싫어하던 그런 사람이 되어 가는 것은 아닌가? 당신이 다른 사람들에게서 느끼던 혐오스러운 태도와 특성을 당신도 드러내고 있지는 않은가? 증오로 인해 당신의 마음이 돌처럼 굳어지고 있지는 않은가?

하나님은 당신이 자유를 누리길 원하신다. 그리고 그러한 자유는 소설 속 유다 벤허의 삶처럼 오직 용서를 통해 허락될 것이다.

이야기의 전개를 보면, 유다는 예수님이 십자가에 못 박히시기 위해 끌려가던 바로 그날 예루살렘에 도착한다. 그는 골고다로 향하는 행렬을 따라가다가 골고다 언덕 중앙에 서 있는 십자가 앞에 서서, 고문당하는 예수님의 몸에서 피가 흘러내려 땅바닥으로 떨어지는 것을 지켜본다.

그가 구주의 얼굴을 바라볼 때, 그리스도의 사랑이 마침내 유다의 강팍한 마음을 뚫고 들어온다. 그는 아무 말도 하지 못하고 조용히 그 사랑을 받아들인다. 괴로움과 증오의 세월이 예수님의 사랑과 보혈과 은혜로 씻겨 내려가면서 그의 얼굴은 뚜렷하게 변화된다.

영화 마지막 장면에서 유다는 에스더에게 그의 삶이 변화된 순간에 대해 이야기한다. "나는 그분이 '아버지 저들을 사하여 주옵소서 자기들이 하는 것을 알지 못함이니이다'라고 말씀하시는 것을 들었어. 그리고 나는 그분의 음성이 내 손에 있던 칼을 가져가는 것을 느꼈어."

자, 하나만 묻자. 아직 당신의 손에 칼이 있는가? 비통함과 분노와 복수심과 용서하지 않으려는 칼을 아직 들고 있는가? 그렇다면 나는 당신을 갈보리로 초대하고 싶다. 예수님의 십자가 아래 서서 그분이 당신의 죄를 용서하기 위해 어떤 고통을 감당하셨는지 보라. 그분이 당신에게 자유를 주기 위해 어떤 고난을 겪으셨는지 보라. 그분이 자신을 핍박하는 자들에게 어떻게 용서를 베푸셨는지 보라. 그리고 그분의 말씀을 듣고 당신의 손에 들려 있는 칼을 내려놓으라.

당신은 주 예수님처럼 하나님의 한없는 은혜를 나타내기 위해 찢긴 빵과 부어진 포도주가 되겠는가? 그 은혜의 아름다움과 용서의 능력을 보여 주는 살아 있는 증거가 되겠는가?

용서를 받아들이라. 그리고 용서하라. 이것이 복음의 핵심인 십자가의 길이다.

적·용·하·기

1. 과거에 지은 죄악 중에 여전히 죄의 가책을 느끼는 꺼림직한 죄가 있는가? 우리가 하나님의 용서를 온전히 경험하는 데 십자가와 믿음은 어떤 역할을 하는가?

2. 당신은 하나님의 용서의 마음을 다른 사람들에게 얼마나 나타내는가? 당신에게 죄 지은 사람들에게 그들이 복음을 믿을 수 있도록 반응하는가?

3. 시간을 내어 십자가를 묵상하라. 그리스도의 죽으심은 죄인인 당신에게 무엇을 의미하는가? 다른 사람에게 해를 당했을 때 그리스도의 죽으심은 당신에게 무엇을 의미하는가?

Choosing Forgiveness

05
용서의
기술

용서는 자유다.
용서는 우리의 소중한 친구이자 선물이며,
은혜로 인한 즐거운 의무다.

크로포드 로리츠 박사(Dr. Crawford Loritts)

그러나 어떻게 용서하는가?

우리는 이 책 전반부에서 용서해야 하는 주된 이유 몇 가지를 살펴보았다. 하지만 그리스도인의 삶에서 다른 사람을 용서하는 것은 다른 요소들과 마찬가지로 목적과 방법을 아는 것만으로 해결되지 않는다. 용서는 적극적인 믿음이다. 믿음은 우리의 명사가 동사로 바뀔 때만 살아 있으며 호소력을 갖는다.

'용서를 선택하는 것'의 또 다른 측면에는 하나님이 당신의 죄를 용서하시기 위해 아들을 보내어 죽게 하셨을 때 의도하신 삶이 있다. 그 삶은 곧 다른 사람을 축복하고, 앙심과 분노에 방해받지 않는 삶이다. 하나님뿐만 아니라 주변 사람들과도 원만한 관계를 맺고, 가장 중요하게는 그리스도의 복음과 은혜를 보여 주는 삶이다.

하지만 어떻게 그 자리까지 갈 수 있는가? 당신과 가해자 모두가

05 용서의 기술 / 119

어떻게 용서를 통해 치유의 자리에 나아갈 수 있는가?

"저는 남편이 저를 만나기 전에 그의 여자 친구와 성관계를 가졌던 일을 용서하기로 했어요. 저는 4년 동안 이 상처를 안고 살아왔어요. 이제 남편을 껴안고 그에게 용서를 말할 수 있게 되어 기쁩니다." 이 글을 쓴 여성처럼 되려면 어떻게 해야 하는가?

한 친구가 지난날을 회상하며 나에게 이렇게 말했다. "나는 앙심을 품을 권리가 있다고 생각했었는데 이제 돌아섰고, 엄마가 나를 키운 방식에 대해 용서했어. 나는 이제 엄마의 눈을 똑바로 보고 깨끗한 마음으로 사랑한다고 말할 수 있어. 마치 누군가가 감옥 문을 열어 주어 내가 걸어 나오게 한 것 같아." 당신도 이 친구처럼 마음의 감옥에서 걸어 나왔는가?

어머니의 남자 친구에게 성적 학대를 당했던 친구가 있는데, 그 친구는 이렇게 말했다. "그 사람을 용서하는 일보다 엄마를 용서하는 일이 더 어려웠어. 일곱 살 때 처음으로 그 사람에게 성추행당했는데 그때 나는 그 일을 엄마에게 말했어. 그러나 그 후 8년 동안 엄마는 아무런 조치를 하지 않으셨어. 그것이 내게 가장 힘든 일이었어." 하지만 그녀의 이야기는 여기서 끝나지 않았다. 이 친구는 그리스도를 믿게 된 후 "하나님의 은혜로 나는 가해자를 용서했고, 엄마도 용서했어. 이제는 진심으로 엄마를 사랑해."라고 말했다. 당신은 이 친구처럼 당신의 삶 속에서 상당 기간 부글부글 끓었던 문제로부터 자유를 찾았는가?

한 여성은 이렇게 말했다. "저는 열여섯 살 때까지 오랜 기간 오빠들과 아버지에게 성추행당했습니다. 저는 남자들과 건강한 관계를 맺는 방법을 전혀 알지 못했어요. 저는 마음에 오랫동안 증오를 품고 살아왔어요. 하지만 그 증오를 하나님께 맡기고 던져 버리기로 했습니다." 당신은 이 여성처럼 당신의 마음속에 얽혀서 당신의 성품과 삶의 방식을 바꾸어 버린 이런 상처를 극복할 수 있는가?

나는 도저히 믿을 수 없는 상황에서도 주님이 용서의 은혜를 베푸시는 것을 보았다.

한 여성은 내게 이런 글을 써서 보냈다. "지난 2월에 한 이웃이 우리 집에 침입해 남편을 살해했습니다. 그리고 저를 납치해 성폭행한 후 스스로 목숨을 끊었습니다. 저는 어린 세 자녀와 함께 남겨지게 되었습니다. 저는 그 가해자가 지옥에서 불타고 있기를 바라는 마음뿐이었어요. 이 상황에 대처하는 유일한 방법은 그가 벌을 받고 있음을 알게 되는 것뿐이었어요."

하나님은 내가 용서를 주제로 강연하고 있던 한 여성 콘퍼런스에서 그녀의 마음을 다루기 시작하셨다. 그녀는 그 고통이 그녀 자신을 죽이고 있다는 사실을 깨달았다. 그녀는 용서해야 한다는 것을 알았다. 그리고 마침내 그를 용서하자 하나님의 평강을 체험할 수 있었다. 그 가해자가 지옥의 고통을 겪고 있는지는 알 필요가 없었다. "이제 나는 자유롭습니다. 나는 그가 지옥에 있는지 천국에 있는지 모릅니다. 하지만 하나님이 모든 것을 주관하신다는 것을 알기에 주님을 찬양할 수 있습니다."

나는 같은 방에서 함께 있는 것조차 견디기 힘들어하던 사람들을 주님이 화해시키시고 그들의 관계를 회복시키시는 것을 봐 왔다. 또 다른 콘퍼런스가 끝날 무렵 두 명의 여성이 내게 와서 자신들의 이야기를 들려주고 싶다고 했던 일이 기억난다. 그들은 시어머니와 며느리 사이였다. 며느리인 젊은 여성은 아이를 가진 지 9개월 된 임산부였다. 결혼한 지는 4년이 되었다고 했다.

하지만 그 시어머니와 며느리는 서로를 알고 지낸 지 오래되었지만 단 한 번도 사이가 좋은 적이 없었다. 사실, 서로에 대한 증오심이 매우 심해졌다. 서로에 대한 불만이 무엇인지 더는 알 필요도 없을 정도로, 상대방에 대한 모든 것이 신경에 거슬리는 지경에 이르렀다.

당신에게도 그런 일이 일어날 수 있다는 사실을 잘 알고 있을 것이다. 어쩌면 이미 그런 일이 있었을지도 모른다.

시어머니는 이 콘퍼런스를 주관하는 회원이었다. 하지만 며느리를 초대하지는 않았다. "초대해도 오지 않으리라고 생각했어요."

하지만 며느리는 콘퍼런스에 참석했다.

놀랍게도 하나님은 서로 다른 위치에 각각 앉아 있는 그들을 찾아내셨다. 그날 오후 나는 용서의 중요성을 이야기했다. 그 강의를 듣는 중에 둘 중 한 사람이 먼저 용서를 구했다. 어느 쪽인지는 잘 모르지만, 내가 아는 것은 그 두 사람 모두 기도실에서 서로를 안고 용서를 구했다는 사실이다.

나는 하나님이 당신에게 은혜를 주시고, 당신이 그분이 부르시는 대로 행하기로 선택하면 '당신'이 처한 상황이 어떠하더라도 그런 일이 일어날 수 있다는 것을 말하고 싶다.

하지만 어떻게 그런 일이 발생하는가?

누가 나쁜 일을 했는가?

다른 사람을 용서하는 데 구체적인 도움을 줄 수 있는 세 가지 실천적인 단계를 제안하고자 한다. 물론 용서가 쉽다고 말하거나 용서를 3단계 공식으로 축소하려는 것은 아니다. 고통스러운 기억과 감정과 관계가 모두 얽혀 있기에 추가적인 치유가 필요할 수도 있다는 것을 잘 알고 있다.

하지만 나는 이 세 단계가 용서의 과정을 시작하고 자유를 향한 여정을 시작하는 데 도움이 된다는 것을 알게 되었다.

용서의 여정의 출발점에서

1) 당신에게 잘못을 저지른 사람들을 명시하고, 그들이 당신에게 어떤 방식으로 죄를 지었는지 규정하라.

이를 위해 간단한 방법을 알려 주겠다. 먼저, 종이와 펜을 준비하라. 그런 다음 종이 위에 위에서 아래로 두 줄을 그으라. 그러면 세 개의 세로 열이 만들어질 것이다(아래 도표를 참조하라). 왼쪽 열에는 당신에게 죄지은 사람들의 이름을 나열하라(아직 당신 마음에 해결되지 않은 채 남아 있는 사람들의 이름을 적으라).

이름	그들이 행한 나쁜 일	나는 어떻게 반응해 왔는가?

당신은 그들이 누군지 안다. 어머니, 아버지, 양부모, 형제 또는 자매, 전 고용주, 전 목사, 이웃, 아들 또는 딸, 전 배우자 등 목록을 작성하라.

그런 다음 방금 나열한 이름 옆의 중간 열에 각 사람이 저지른 범죄 행위(또는 가해 행위)를 적으라. 그들이 당신에게 어떤 잘못을 했는가? 구체적으로 적으라.

아마도 당신은 "잠깐만요. 이 모든 것을 다시 끄집어내서 무슨 소용이 있습니까? '용서하며 잊어버리고' 묻어 두는 게 옳다고 생각했는데요. 그런데 전부 다 나열하라니요!"라고 의아해할 수도 있다.

하지만 용서는 가해 행위가 없었던 것처럼 행동하는 것을 의미하지 않는다. 이 점을 인식하는 것이 중요하다. 가해가 없었던 것처럼 행동하는 것은 정직하지 않다. 그것은 현실 부정이다. 진정한 용서는 마음의 게임이나 꿈의 세계가 아니며, 현실 도피가 아니다. 도리어 현실을 직시하고 하나님의 방식으로 문제를 대처하는 것이다.

다른 사람들이 당신에게 한 행동은 잘못된 것이다. 그들은 당신에게 상처를 주었다. 하나님은 당신이 그 고통에서 도망치는 것이 아니라 그 고통 한가운데로 달려가기를 원하신다. 그런 다음 당신이 그 상처로 인한 격한 분노를 직면한 후, 가장 아픈 바로 그 자리에서 하나님을 만나길 원하신다. 그리고 당신이 그 상처의 속박에서 해방되도록 은혜 베풀길 원하신다.

다만 여기서 한 가지 주의할 점이 있다. 다른 사람들이 당신에게 어떤 잘못을 했는지 나열하라는 것이지, 기억나지 않는 과거의 일을 굳이 끄집어내라고 제안하는 것은 아니다. 하나님은 우리 마음속 고통스러운 기억을 지우실 수 있으며, 때로는 그 기억을 실제로 지워 주신다. 하나님이 자비 가운데 지워 주신 기억을 떠올리는 것은 가치 없는 일이며, 오히려 많은 해를 끼칠 수 있다.

행여 용서해야 할 사람이 있더라도 그 사람이 누구인지, 왜 용서해야 하는지 일부러 기억을 끄집어낼 필요는 없다. 당장 해결이 필요한 문제, 마음속에 분명하게 떠오르는 문제를 먼저 처리하라. 만일 용서해야 할 다른 상처들이 있다면, 주님이 그것들을 떠올려 주실 것이라고 믿으라.

과거 또는 현재에 받은 상처 중 당신이 의식하고 있는 상처를 적으라. 그 상처를 숨기지 말라. 적나라하게 그 죄악을 직시하라.

이 일에 대해 양심에 걸리는 부분은 없는가?

아마도 어떤 사람들은 여기서 멈추려 할 것이다. 그들은 상처 준 사람들의 이름을 거명하는 것만으로도 충분히 치유될 수 있다고 생각할 것이다. 심지어 그 모든 고통과 아픔이 연기처럼 상징적으로 사라지도록 그 목록을 벽난로에서 태우라고 제안할지도 모른다. 하지만 나는 성경이 이런 일 말고 다른 일, 즉 치유를 주는 더 깊고 거룩한 일을 하도록 이끈다고 믿는다.

2) 목록에 있는 각 사람에 대해 양심에 걸리는 일이 없는지 확인하라.

종이의 세 번째 열이 이 목적을 위한 것이다. 당신 자신에게 "나는 이 사람에게 어떻게 반응해 왔는가?"라고 물으라. 그런 다음 당신의 대답을 기록하라.

- 그들을 축복하는가?
- 그들을 사랑하는가?
- 그들을 위해 기도해 왔는가?
- 그들을 용서했는가?

아니면 그들에게 사랑을 보류하고 분개하며 화를 냈는가?

자녀에게 전 배우자에 대해 험담한 적이 있는가? 당신의 사업을 끊임없이 방해하는 이웃이나 당신의 신념을 조롱하는 동료에게 벽을 쌓고 지내지는 않는가? 당신을 험담한 사람에 대해 부정적인 소문을 낸 적이 있는가? 당신의 삶을 어렵게 만든 시댁 식구나 형제자매에게 사랑을 표현하기보다는 관계를 멀리하고 대화를 끊음으로써 은근히 보복하고 있지는 않은가?

당신에게 죄지은 사람들에 대해 내 양심이 깨끗해야 진정으로 용서한 것이다. 그러나 당신을 힘들게 한 사람들을 향한 당신의 마음에 하나님의 사랑이 형성되지 않는다면, 진정으로 용서하는 것은 불가능하다.

당신은 그 종이의 중간 열에 있는 내용에 책임이 없다(상대방의 공격이 당신이 그들에게 지은 죄에 대한 반응이 아니라는 가정하에 그렇다). 당신이 그들에게 그 죄를 요청한 것이 아니다. 당신이 무슨 잘못을 저지른 것도 아니다. 하지만 세 번째 열에 있는 내용은 전적으로 당신의 책임이다.

만약 당신이 그리스도의 말씀대로 대응하지 않았다면, 그 사람에게 가서 그에게 저지른 잘못에 대해 용서를 구해야 한다. (물론 가해자와 접촉하는 것이 적절하지 않거나 현명하지 않은 상황도 있다. 그런 상황이라면 담임목사님이나 다른 성숙한 신자에게 경건한 조언을 구하길 바란다).

하지만 이러한 제안은 때때로 다음과 같은 즉각적인 반응을 불러일으킬 수 있다(이런 반응은 충분히 이해가 간다). "잠깐만요! 그 사람은 내게 죄를 지었어요! 그런데 내가 그 사람에게 가서 나의 그릇된 행동을 용서해 달라고 부탁해야 한다고요?"

그렇다.

물론, 당신은 솔직히 그 사람에게 잘못한 일이 없다고 생각할 수도 있다. 당신은 복수를 원하지 않았다. 그의 뒤에서 비방하지 않았다. 그가 미안하다고 말할 때 무시하는 눈초리로 대하지 않았다.

나는 그렇기를 바란다. 그러나 보통은 그렇지 않다.

대부분, 피해자는 억울한 일에 대응하면서 가해자가 되는 경우가 많다. 피해를 당한 사람으로서는 그 반응이 참으로 정당하다고 생각될 수 있다. '그 사람은 그런 일을 당해도 싸다. 발단은 그 사람이니 이 일도 내 잘못이 아니라 그의 잘못이야.'

당신이 배우자, 부모, 친구, 오랜 지인, 실권자 등 누군가에게 죄를 지었다면, 그 원인이 무엇이든 간에 당신이 이 모든 일을 처음 시작한 사람인 것처럼 용서를 구해야 한다. 즉, 우리는 죄로 반응한 것에 책임을 져야 한다.

당신은 "글쎄요. 우리 결혼이 깨진 데는 내 책임이 5퍼센트 정도는 있을지도 모르죠. 하지만 95퍼센트 이상은 남편 잘못이에요!"라고 말할지 모르겠다.

좋다. 그러면 당신의 '5퍼센트'에 대해서라도 100퍼센트 책임을 지고 용서를 구하라.

물론, 당신은 하나님이 당신의 마음을 들여다보신다고 해도 그 비율이 치우친 것은 아니라고 생각할 수도 있다. 이런 상황을 초래할 그 어떤 잘못도 한 적이 없기에 당신은 완전히 결백할 수도 있다. 또는 오직 당신이 할 일은 원한을 품지 않고 계속 용서하면서 앞으로 나아가는 일일 수도 있다.

하지만 우리는 대부분 상대방과 마찬가지로 자기 잘못을 간과한다. 그러다 보니 책임 소재가 밝혀지지 않은 문제가 많아지고, 그 문제는 계속 독을 퍼뜨리며 피해를 지속시킬 수 있다.

산상수훈에서 예수님은 다른 사람들의 잘못을 보는 것이 우리 자신의 잘못을 보는 것보다 훨씬 더 쉽다는 사실을 상기시켜 주신다. 우리는 다른 사람의 죄는 현미경으로 보지만, 우리 자신의 죄는 망원경으로 보는 경향이 있다!

예수님은 우리가 다른 사람들의 잘못을 다루기 전에 우리 자신의 죄를 다루는 것이 중요하다고 강조하신다.

> 어찌하여 형제의 눈 속에 있는 티는 보고 네 눈 속에 있는 들보는 깨닫지 못하느냐 보라 네 눈 속에 들보가 있는데 어찌하여 형제에게 말하기를 나로 네 눈 속에 있는 티를 **빼게** 하라 하겠느냐 외식하는 자여 먼저 네 눈 속에서 들보를 **빼어라** 그 후에야 밝히 보고 형제의 눈 속에서 티를 **빼리라**(마 7:3-5).

이 말씀은 '형제'가 한 일을 최소화하라는 뜻이 아니다. 다만, 먼저 자기 죄를 시인하지 않는다면 상대방의 죄에 대해 객관적인 태도를 보이거나 그가 그의 죄를 없애도록 돕는 데 효과적이지 않을 것이라는 뜻이다. 위선을 행하고 있다는 것은 말할 것도 없다!

그러므로 정직하라. 다른 사람의 죄가 당신 삶에서도 죄를 낳게 했는가? 그렇다면 그 죄를 고백하라. 적절하고 가능하다면 그 사람에게 말하라. 물론 변명하는 방식이나 이런 상황에 몰아넣은 그의 죄를 비난하는 방식으로 말해서는 안 된다. 그에게 분노를 터뜨림으로써 더 큰 죄를 짓는 방식으로 해서는 더더욱 안 된다.

하나님은 "너는 네가 한 일에 책임을 지라."라고 말씀하신다. 당신은 그렇게 했는가?

그렇지 않았다면 자신을 낮추라. 가서 용서를 구하라. 양심에 걸리는 것이 남아 있지 않게 하라.

당신의 선택

당신에게 잘못을 저지른 사람들을 확인한 다음, 주님과 그 사람들에 대해 마음에 걸리는 일이 없는 상태가 되었다면(즉, 발생한 잘못된 일에 대해 당신이 책임질 부분이 있거나, 죄스러운 태도와 행동으로 그들에게 잘못된 반응을 한 것에 대해 용서를 구했다면), 이제 다음 단계로 넘어가면 된다. 이 단계는 용서의 과정에서 가장 어려울 수 있다.

3) 당신에게 죄지은 사람을 모두 용서하기로 선택하라.

이 단계가 가장 중요하고 가장 어렵다. 이 단계에서 당신은 상처받은 여린 마음으로 자기 보호와 항의를 위해 울부짖을 것이다. 이때 원수 마귀는 당신이 하나님과 함께 걷지 못하도록 하고, 또한 당신이 해야 할 일을 하지 못하도록 최선을 다할 것이다.

그러나 진정으로 자유로워지고 싶다면 이 단계를 꼭 지나야 한다.

당신에게 죄지은 각 개인(또는 무리)을 용서하기로 선택하라. 그들에 대한 기록을 삭제하라. 삭제 키를 누르라. 그들을 당신 마음의 감옥에서 풀어 주라.

그렇게 하고 싶은 감정이 들지 않을 수도 있다. 그 일을 원하지 않을 수도 있다. 하지만 순종하는 하나님의 자녀가 되고 싶다면 용서해야 한다.

당신이 이 책을 읽기 시작하고, 하나님이 당신에게 오랜 세월 당신을 가장 짓눌러 왔던 문제를 다시 다룰 기회를 주실 때, 당신은 결국 이 자리까지 올 것을 알았을지도 모른다. 그리스도 안에서 자유를 향하는 이 여정에서 이 지점은 전혀 우회할 수 없다.

"아무에게나 혐의가 있거든 용서하라"(막 11:25).

"하지만 그들이 용서를 구하지 않는다면 어떻게 해야 하나요? 그들이 잘못한 것이 없다고 생각하면요?"

슬프게도, 그들이 회개하지 않으면 그들은 하나님의 용서(가장 중요한 용서)를 받지 못하고, 또한 하나님과 올바른 관계를 맺지 못할 것이다. 그러면 그들은 당신 및 다른 사람들과 완전히 회복된 관계를 맺지 못할 것이다.

그가 누구든 자기 죄를 직면하여 해결하기 전에는 그의 완고함이 그의 행복과 인간관계에 영향을 미치고 그를 속박할 것이다. 하지만 그렇더라도 그가 당신을 마음의 감옥에 가두는 것은 아니다. 당신을 감옥에 가두는 것은 당신 자신이 용서라는 대담한 단계를 거절할 때 나타나는 현상이다. 다른 사람이 어떤 여정을 취하든 용서는 당신 자신이 할 수 있는 일이며, 당신이 반드시 취해야 하는 선택이다.

당신이 가해자를 용서하는 문제에서 주님께 순종할 때, 중간에 멈추지 말고 실제로 용서하는 자리까지 가야 한다. 나는 선의를 가진 진실한 사람들이 "주님, 이 사람을 '용서할 수 있도록 도와주세요.'"라고 기도하는 것을 들었다. 그리고 또 다른 사람들이 "그를 용서해야 하는 것은 알지만…."이라고 말하는 것도 들었다. 나는 그들의 진심을 의심하지 않는다. 하지만 '그것으로는 충분하지 않다.' 하나님께 도움을 요청하는 것으로 만족하지 말라. 용서해야 한다고 말만 하지 말라. 끝까지 가라. 그리고 이렇게 말하라. "주님, 주님의 은혜로 주님께 순종함으로 그들을 용서하고, 삭제 키를 눌러 그들의 죄의 기록을 지우기로 했습니다. 가해자들을 놓아주기로 했습니다. 나는 그들을 용서합니다!"

테러리스트들을 용서하라고?

그레이샤 번햄(Gracia Burnham)과 그녀의 남편 마틴(Martin)은 대부분의 사람이 용서할 수 없는 상황에서 용서를 선택했다.

선교사 임무를 잠시 쉬고 있을 때 필리핀 테러 단체에 납치된 이 부부는 열대 정글에서 1년이 넘는 기간 동안 매일 반복적으로 고문과 학대를 받았다. 2002년 6월, 미국 군대가 인질 구출을 시도하여 그레이샤를 구해 냈다. 그레이샤는 드디어 자유를 얻게 되었다. 하지만 마틴은 총격전에서 사망하고 말았다.

그레이샤는 남편과 함께 긴 시련을 겪었지만 홀로 정글에서 걸어 나와야 했다.

그녀는 『납치 후 376일, 죽음의 사선을 넘어』(In the Presence of My Enemies)와 후속작 『다시 날아오르기』(To Fly Again)에서 그녀 부부의 이야기를 가슴 아프게 전했다. 그녀는 인질 생활의 잔인함과 살아남을 것을 상상조차 하기 힘들었던 악몽 같은 장면들을 다시금 떠올렸다.

몇 시간 동안 나무에 묶여서 잠을 자고, 일용품을 구걸해야 하는 비참한 감금 생활, 끝없는 설사에 시달리는 고통, 씻을 장소와 수단도 전혀 없는 모욕적인 환경과 질병을 악화시키는 비위생적인 환경, 무엇보다 그곳에서 벗어날 수 없다는 절망감….

25킬로그램의 장비를 짊어지고 거친 땅 위를 몇 킬로미터씩 걸어야 하는데, 비바람을 막아 줄 겉옷은커녕 허약하고 지친 몸을 지탱해 줄 음식물조차 없었다.

고문! 그리고 죽을 정도로는 두렵지 않은 순간에 찾아오는 분노!

그녀는 회상한다. "마틴과 나는 음식을 끓이는 불 주위에 쪼그리고 앉아 우리 몫을 기다렸다. 음식을 배분하는 사람이 다른 사람들 접시에는 밥을 가득 쌓아 주었다. 그런데 우리는 필리핀인이나 이슬람교도가 아니라는 이유만으로 한 컵의 3분의 2만 주는 것을 유심히 지켜보면서 소리를 지르고 싶었다."[1]

그들은 그레이샤를 그녀의 집과 아이들에게서 멀리 떼어 놓고, 따뜻한 목욕과 가족 식사를 앗아간 차갑고 몰인정한 인간들이었다. 그러나 날카롭고 거슬리는 소리가 나는 잔인한 정글 속에서도, 중무장한 포획자들이 웃고 놀리는 가운데서도, 하나님은 그레이샤의 마음 가운데 역사하고 계셨다.

그녀는 이렇게 썼다. "아부 사야프(Abu Sayyaf, 선교사 부부를 인질로 잡고 있던 단체)를 비난하는 내 마음은 혼란의 상태에 있다는 것을 알았다. 테러리스트를 탓하고, 필리핀 군대의 무능함을 탓하고, 우리를 풀어 줄 마술 지팡이를 휘두르지 않는 미국 정부를 탓하고, 심지어 하나님을 원망하기도 했다. 어쨌든 하나님은 모든 것을 통제하고 계시지 않는가?"

하지만 점차 그녀의 관점이 바뀌기 시작했다. "나는 내 분노가 아무런 유익이 되지 않는다는 것을 깨달았다. 정신적인 충격 때문에 분노하는 것은 이해가 되지만, 그렇다고 그 분노가 생산적인 것은 아니었다. 물론 대안은 가해자가 사과하지 않아도 용서하는 것이었다. 나는 혼자 용서하기로 '선택할 수' 있었다."

그리고 그녀가 용서하자 하나님의 역사가 나타났다. 그녀의 분노가 사라지고 마음의 상처가 가라앉기 시작했다.

그러나 그녀는 인정한다. "하지만 다시 날이 새면, 또 다른 악한 일이 터지곤 했다. 나는 또다시 용서해야 했다. 시간이 지나면서 나는 의식적으로 또 용서하기로 하고 또다시 결심했다. 사실, 용서는 하나의 삶의 패턴이 되었다. 그리고 반복되는 용서를 통해 나는 자제력과 평정심을 되찾을 수 있었다."

그녀는 계속 회상한다. "나는 '하나님, 용서하게 도와주세요.'라고 기도하지 않았다. 그렇게 기도하는 것은 책임을 회피하는 일이 될 수 있기 때문이다. 용서는 전적으로 내 몫이었고, '일단 순종하기로 하자 하나님은 용서할 힘을 분명히 주셨다.'"[2]

그레이샤는 지금은 캔자스의 작은 마을로 무사히 돌아와 세 자녀를 키우며 평범한 삶을 살고 있다. 오늘날 그녀가 겪는 문제는 인질 생존의 혹독함이 아니라 뜰에 쓰레기를 내다 놓는 것을 자꾸 까먹는 아이, 경멸적인 농담을 하는 친구, 불친절한 말을 하는 몇몇 식구와의 일상적인 갈등이다.

그러나 그녀는 똑같은 용서의 모델이 이런 일상의 갈등에도 적용된다고 말한다.

우리는 죄를 짚어 낸다. 우리가 가해자에게 잘못한 것이 있으면 그 문제를 해결하여 우리 양심을 깨끗하게 한다. 그리고 그들을 용서하기로 선택한다. 그렇다. 우리는 용서를 선택한다.

더 나은 것을 택할 것인가, 아니면 최악을 택할 것인가?

당신은 아직도 용서할 수 없다고 생각하는가? 지금 처한 상황이 용서하기에는 너무 힘든 상황이라고 생각하는가?

몇 년 전, 나는 내 친한 친구 하나가 용서와 관련하여 한 번이 아니라 몇 번이고 깊은 수렁에 빠지는 것을 볼 수 있었다. 그녀와 23년 동안 함께 살아온 남편이 6개월 동안 다른 여자와 성관계를 했다고 어느 날 그녀에게 고백한 것이다. 나는 당시 그녀가 어떤 상태였는지 생생하게 기억한다.

그녀의 남편이 결혼 서약을 어겼다는 사실은 그 자체만으로 충분히 악한 일이었다. 하지만 상처에 소금을 뿌리는 것처럼 그녀의 남편은 그의 불륜 관계를 포기할 것인지, 아니면 그 관계를 어떻게 처리할 것인지 결정하지 못하고 있었다.

상황은 1년 넘게 같은 상태로 있었다. 그녀는 최근에 그때의 사건을 기억하며 내게 이런 글을 썼다. "그는 내게 불륜이 끝났다고 말하곤 했어. 그러나 불륜을 지속해 나가더군. 그는 그가 지은 죄에 대해 아픔을 느끼지 않았어. 그 어떤 슬픔도 보이지 않았지. 그는 그 관계를 계속 이어 갔어. 어떤 때는 내 앞에서 불륜을 저지르기도 했지. 이 일은 나와 내 아이들에게 말로 표현할 수 없는 큰 상처를 줬어."

그러나 어찌 된 일인지 하나님은 상한 마음을 가진 이 아내에게 주님께 매달릴 은혜를 주셨다. 또한 그녀가 극심한 고통 속에서도 자기 멋대로 구는 남편을 용서하며, 자기 죄를 아파하지 않는 그런 남편을 계속 충실하게 사랑할 수 있는 은혜도 주셨다.

"처음에는 용서할 '마음이 들지' 않았지."라고 그녀는 말했다. "처음에는 극도의 분노와 큰 상처가 생기더군. 하지만 기억나는 것은, 남편의 불륜 사실을 알게 된 그 밤에 성경책을 펼쳐 들고 하나님 앞에 엎드려 내 마음을 그분께 쏟아 놓은 일이야."

"하나님이 왜 나에게 이런 일이 일어나도록 허락하셨는지 이해하지 못했지만, 내가 아는 것은 그 일이 그분의 사랑의 손을 거쳐야 한다는 사실과 그분이 어떤 식으로든 그분의 궁극적인 영광을 위해 그 일을 선하게 사용하기를 바라신다는 것이었지."

"물론 그날 밤 나는 고통으로 온몸이 떨리고 마비되는 것 같았지만, 남편이 나에게 용서를 구하지 않았어도 '나는 그를 용서하기로 선택했어.' 나는 십자가에 달리신 그리스도께서 자신을 죽이는 사람들을 용서해 달라고 아버지께 간청하시는 모습만을 생각했어."

그래서 그 일이 잘 마무리되었을까? 그녀가 용서하기로 한 후 그들의 가정이 다시 자유롭게 교류하고 금요일에는 즐거운 저녁을 고대할 수 있는 행복한 장소가 되었을까?

그렇지 않다. "그 후 13개월 동안 남편이 불륜과 관련하여 내게 한 말이나 행동으로 나는 충격을 받을 때가 더 많았지. 하지만 하나님은 남편이 여전히 죄 가운데 살고 있을 때도 계속해서 내게 용서를 표현할 수 있게 해 주셨어."

"나는 결코 그런 식으로 용서할 수 있는 사람이 아니었어. 나도 연약하고 죄 많은 사람인데, 그 힘든 시기에 하나님이 나에게 용서할 수 있는 능력을 주시기 위해 은혜를 부어 주신 것이지."

이 고통스러운 과정에서 나의 친구는 용서의 길을 선택하면서 하나님의 임재와 능력을 특별한 방식으로 경험했다.

남편을 계속 용서하는 동안 내 인생에 놀라운 일이 일어났어. 하나님은 내가 겪고 있는 고통 속에서도 내게 자유와 기쁨을 주셨어. 어떻게든 하나님은 그 모든 아픈 경험을 경멸이 아니라 포용해야 할 선물로 보게 하셨지.

인간적으로는 이 일을 설명할 수 없을 거야. 하나님은 진정으로 내가 고통 가운데 기뻐할 수 있게 하셨고, 주님이 거절당하시며 감당하신 것을 아주 작은 방식으로 나도 겪어 볼 수 있게 하셨어.

이 말은 이론을 다루는 성경 교사의 말이 아니다. 이 글은 단답형 답변에 만족하는 그런 무심한 사람의 것이 아니다. 이것은 고난의 용광로에서 믿음을 시험받고 정금처럼 나온 한 여인의 간증이다. 즉, 고난의 용광로가 어떤 느낌인지, 어떤 대가를 치르는지, 어떤 의미가 있는지 잘 알게 된, 그곳에 있었던 한 여인의 간증이다.

시간이 지나자, 하나님은 그녀가 좋은 결과를 내다보거나 남편의 마음이 변화되리라는 확신을 갖기 훨씬 전에 자비롭게도 남편을 진정으로 회개하게 하셨고, 남편의 무너진 삶과 결혼 생활을 은혜롭게 회복시켜 주셨다.

다음은 그녀가 쓴 간증의 결론이다.

우리가 다른 사람을 용서하기로 선택할 때, 비록 그들이 아직 회개하는 상한 심령을 갖지 않더라도, 하나님은 우리 마음에 자유, 은혜, 평화, 기쁨, 사랑, 심지어 용서 그 자체를 부어 주신다. 당신이 이 일을 직접 경험하면 숨이 멎을 정도로 놀랄 것이다. '용서라는 이 신비한 길을 통하지 않고는 결코 하나님과의 깊은 교제에 도달할 수 없을 것이다.'

이 말이 무슨 뜻인지 아는가? 당신이 어떤 일을 겪든, 당신에게 저질러진 잘못이 크든 작든 간에 당신이 용서하기로 선택하면 주님과 함께하는 가장 소중한 날들이 바로 당신 눈앞에 펼쳐질 수 있다는 것이다.

그렇다. 용서는 초자연적이다. 그것은 하나님만이 하실 수 있는 일이다. 그것은 우리 인간의 능력을 훨씬 뛰어넘는다. 그러나 당신이 하나님의 자녀라면, 하나님은 당신에게 "그리스도 안에서 역사하사 죽은 자들 가운데서 다시 살리시고"(엡 1:20) 동일한 능력을 부여하셨다. 이 사실을 생각하라! 당신은 하나님의 무한한 능력, 즉 '용서할 수 없는' 죄악들을 용서할 수 있는 초자연적인 능력을 부여받았다. 당신은 그 능력으로, 하나님께 '당신의' 죄를 용서받은 바로 그 은혜와 용서로 다른 사람을 용서할 수 있다.

그러므로 용서를 선택하라! 용서하라! 용서하고 싶은 마음이 들 때까지 기다리거나 모든 일이 어떻게 전개될지 미리 알려고 하지 말라. 궁극적으로 용서는 감정이 아니다. 용서는 의지의 행위, 즉 믿음의 행위다. 하루라도 더 앙심을 품고 있지 말라.

당신의 문제는 이 책에서 언급한 사례들처럼 대단한 문제일 수도 있고, 또는 더 심각한 문제일 수도 있다. 아니면 이 책에서 언급된 사례들과 비교할 때 별거 아닌 사소한 문제여서, 계속 끓어오르는 분노를 품고 있어도 괜찮다고 여겨질 수도 있다.

죄가 너무 커서 용서할 수 없다고 생각하든, 죄가 너무 작아서 용서할 필요가 없다고 생각하든, 어느 쪽이든 당신은 하나님의 헤아릴 수 없는 자비의 샘에서 그 상처를 씻어 내야 한다. 분명한 것은, 그 상처를 떠나보내기 전까지 당신은 마음의 감옥에 머물러 있게 된다는 사실이다.

용서는 그리스도 예수 안에서 당신을 향한 하나님의 뜻이다. 그리고 당신은 그 자비를 붙잡기로 선택할 수 있다!

아직 주님의 용서의 바다로 뛰어들지 않았다면 지금 당장 주님께 부르짖으라. "오, 하나님! 예수님 때문에 주님이 저를 용서해 주신 것처럼 저도 그를 용서하기로 선택합니다. 저에게 죄지은 모든 사람을 용서하기로 선택합니다."

"나는 용서를 선택합니다!"

적·용·하·기

1. "너희가 이것을 알고 행하면 복이 있으리라"(요 13:17).

Choosing Forgiveness

06
하나님께
화를 내다

사람이 무엇을 기대하든
어느새 그것을 가질 권리가 있다고 생각하게 되고,
그것을 얻지 못할 때의 실망은
쉽게 상처로 바뀔 수 있다.

C. S. 루이스(C. S. Lewis),
『스크루테이프의 편지』(The Screwtape Letters)에서

"드루스키(Drusky)와 하나님의 대결에서 하나님이 승리하셨다."
1999년 3월 15일 자 AP 통신 보도는 이렇게 시작하고 있다.

AP 통신은 이어서 이렇게 보도한다. "펜실베이니아의 한 남성이 하나님을 피고로 지목해 제기한 소송이 뉴욕 시러큐스(Syracuse) 연방 법원에서 기각되었다." 도널드 드루스키(Donald Drusky)는 30년 전 회사에서 해고당한 후 전 고용주(당시 U. S. Steel)와 오랜 법정 싸움을 벌였지만 패소했다. 그러자 그는 그에게 정의를 가져다주지 못한 하나님을 공식적으로 비난했다.

고소장은 "피고 하나님은 우주의 주권적 통치자라고 하면서 도널드 S. 드루스키의 삶을 망친 극도로 심각한 잘못에 대해 그의 교회와 그의 국가의 지도자들에게 아무런 시정 조치를 취하지 않았다."라고 적었다.

그 뉴스 보도에 따르면, "미국 주(州) 판사 노먼 모듀(Norman Mordue)는 소송을 기각했다. …모듀 판사는 전 대통령 로널드 레이건과 조지 부시, 미국의 주요 텔레비전 네트워크, 50개 주 전체, 모든 미국인, 모든 연방 판사, 그리고 100-105대 의회를 피고로 지목한 이 소송을 경박한 장난이라고 판결했다."

이성적인 사람들에게는 이 사건이 우스꽝스럽게 들리겠지만, 어떤 의미에서 드루스키의 터무니없는 고소는 요즘 내가 사람들로부터 많이 듣는 말과 정도의 차이만 있을 뿐이다.

우리의 상담 사역에 전달되는 편지와 이메일을 읽어 보면, 반복되는 주제 중 하나는 "화가 납니다."라는 것이다.

"남편에게 화가 나요."

"자녀에게 화가 나요."

"부모님께 화가 나요."

"목사님께 화가 나요."

그리고 이런 불평을 쏟아 놓다가 때로 정말로 문제의 핵심을 표현하는 것을 듣는다.

"하나님께 화가 나요."

그레이샤 번햄처럼 경건한 사람들도 때때로 하나님을 향해 분노를 표출하고 싶은 유혹을 받았다. 지난 장에서 당신은 이 부분을 눈치챘을 수도 있다. 그녀는 필리핀에서 인질로 갇혀 있는 동안 자신이 왜 그런 곤경에 처하게 되었는지 여러 원인을 나열하면서 자신을 납치한 사람들을 지목했다. 그들의 이름도 거론했다. 그들의 찡그린 얼굴도 떠올렸다. 그다음 그녀는 자신의 고통에 어느 정도 책임이 있다고 생각하는 분, 즉 하나님을 가리켰다.

내가 그녀의 간증에서 발췌하여 공유한 내용에는 이런 말이 있다. "심지어 하나님을 원망하기도 했다. 어쨌든 하나님은 모든 것을 통제하고 계시지 않는가?"

"그분이 전능하신 분이라면 이 일을 막아 주실 수 있었을 것입니다. 그분이 완전한 사랑이라면 제 마음을 보호해 주시고 이 고통을 막아 주실 수 있었을 것입니다. 하지만 그러지 않으셨어요. 그분은 나를 외면하고 그렇게 하지 않기로 하셨어요. 내 인생에서 이런 일이 일어나도록 내버려두시는 그런 하나님을 어떻게 믿을 수 있겠습니까?"

당신도 그레이샤와 비슷한 말을 한 적이 있는가? 아니면 이런 경험이 있지는 않은지 생각해 보라. 당신은 가해자에게 화를 내는 것만으로는 뭔가 부족하다고 느낀 적이 없는가? 해답과 정당성을 찾는 대신 손가락으로 하늘을 가리키며 하나님께 책임이 있다고 생각해 본 적은 없는가? 아니면 그렇게 노골적으로 표현하지는 않지만, 하나님을 향해 은근히 끓어오르는 화를 느낀 적은 없는가?

그런 감정과 비난이 정당화될 수 있겠는가? 하나님은 자신이 창조하신 사람들이 그런 무례한 말을 해도 용서하시는가?

하나님과의 관계에서 우리는 이러한 생각과 감정을 정직하게 표현할 특권까지 가지고 있는 것인가? 우리에게 하나님께 화낼 권리가 있는가?

불가능을 믿으라

아내 홀리(Holly)와 오랜 친구처럼 화목하게 살아온 빌 엘리프(Bill Elliff)는 나이가 들자, 부모의 배신이라는 가슴 아픈 일을 겪게 되었다. 그때까지만 해도 그는 자신의 어린 시절은 거의 이상적이었다고 말했을 것이다. 그의 부모는 사랑과 헌신이 무엇인지 보여 주는 그야말로 살아 있는 교본이었다. 그의 아버지는 목회자이자 교단의 지도자로서 하나님을 열심히 섬기던 사람이었다. 그 부부가 함께한 사역은 진정한 기쁨과 감사의 연속이었다. 이것이 세 아들에게 영향을 주어 그들도 모두 목사가 되었고, 여동생은 목사 아내가 되었다.

사실 빌은 이미 신학교를 졸업하고 목회자로서의 소명을 충실하게 감당하고 있었다. 그는 지금까지 자신과 그의 가족이 고통과 어려움을 거의 겪지 않은 것을 보면서 하나님이 그의 삶에 얼마나 큰 은혜를 베풀어 주셨는지 회상했다.

이 무렵 그의 아버지는 강단에서 물러나 매주 교단 소속의 여러 교회를 방문하고 감독하며 전문 지식을 제공했다. 마침내 은퇴할 나이가 되었을 때 그의 아버지는 그가 바랐던 모든 목표 그 이상을 성취했다. 그는 젊었을 때 만난 아내에게 충실한 가운데 40년 넘게 그녀와 원만한 삶을 살았고, 이제 황금기의 보상을 앞에 두고 아내와 그 보상을 나눌 준비가 되어 있었다.

즉, 지붕이 내려앉을 때까지는 그랬다.

빌의 아버지는 한 사람의 지독한 반대로 그가 진정으로 바랐던 중요한 사역을 거부당했다. 그때 그는 그 실망을 하나님의 은혜를 받아 해결하기보다는 원망과 용서하지 않는 마음을 품어 버렸다. 그런 상태에서 그는 힘든 결혼 생활로 어려움을 겪고 있는 한 여성을 그의 사무실에서 상담하게 되었다.

그러면서 이 땅에서 절대 일어날 리 없다고 누구든 장담했던 일이 이 남자에게 일어났다. 일련의 점진적인 타협을 통해 은밀하고 부도덕한 관계가 발생한 것이다.

빌은 이 사실을 곧바로 알아채지 못했다. 하지만 아버지의 무분별한 행동은 그 증거를 조금씩 드러내기 시작했다. 의심은 더는 무시하거나 피하기 어려운 현실이 되었다. 아버지의 완강한 부인에도 불구하고 증거는 쌓여 갔다. 마침내 진실을 알아야만 할 것 같았을 때, 장성한 형제자매들은 예고 없이 부모님의 집을 찾아가 믿기 어려운 질문을 던지고 고통스러운 진실을 확인했다.

그렇게 해서 롤러코스터를 탄 듯 내리막과 회전을 반복하는 메스꺼운 일들이 생기기 시작했다. 그 롤러코스터에는 한 가정의 소중한 아내이자 어머니가 앉아 있었다. 그녀는 수치스러운 배신과 거부의 행위를 가장 고통스럽게 직면한 사람이었다. 그러나 그녀는 남편의 불규칙한 행동과 관점의 변화에도 불구하고 이 문제를 하나님의 방식으로 처리하려는 열망을 굳건히 지켰다. 물론 그녀는 남편의 죄악에 큰 상처를 입었다. 말할 것도 없이 그의 죄는 그녀에게 매우 잔인한 일이었다. 하지만 그녀는 하나님을 붙들고 위로를 받았다. 그리고 용서를 선택했다.

그러나 빌에게는 그의 인생과 소명, 그의 아버지, 그리고 하나님에 대해 지금까지 알고 있거나 믿어 왔던 모든 것이 질문으로 남게 되었다.

"왜 하나님은 이런 일이 발생하는 것을 허락하셨을까? 우리 온 가족은 그분을 섬기려고 노력하지 않았는가? 왜 하나님은 우리 기도에 응답하지 않으시며 지금도 응답하지 않으실까? 사랑이 많으신 하나님이 어떻게 그의 자녀들에게 이런 고통을 당하도록 허락하실 수 있는 것일까? 하나님은 항상 그분의 약속에 신실하신 것이 사실일까? 혹시 그렇지 않으실 때도 있는 것일까?"

끝없이 시련이 깊어지던 어느 날, 빌의 어머니는 일상적인 심부름을 마치고 집에 돌아왔다. 그런데 집에 아무도 없고 식탁 위에 메모 한 장이 놓여 있었다. 결국 이 모든 일은 이렇게 마무리되었다. 메모에는 아버지의 마지막 변명이 적혀 있었다. 그의 가출에 대한 가련한 변명이었다. 밝은 결론이 나기를 바랐던 소설과는 달리, 이 한 장의 메모는 모두가 가장 두려워하는 일을 슬프고 조용하게 표현하고 있었다.

그렇다. 그의 아버지는 떠났다. 다른 여자와 함께. 그리고 다시는 돌아오지 않았다.

오, 주님, 어느 때까지입니까?

이 장 뒷부분에서 빌의 이야기로 돌아가겠지만, 고통과 괴로움에 대한 지극히 자연스러운 반응, 즉 우리가 다른 사람에게 해를 입거나 상처를 받았을 때 하나님께 화를 내고 불쾌해하는 성향에 대해 잠시 살펴보고자 한다.

나는 모든 앙심은 어떤 면에서 궁극적으로 하나님을 향한 것이라고 믿게 되었다. 그 앙심은 우리에게 잘못을 저지른 특정 사람이나 집단에 대한 분노에 가려져 있을 수 있지만, 실제로는 그들을 훨씬 뛰어넘어 그 이상으로 확장된다.

우리는 하나님의 능력이 무한하며, 그런 하나님은 우리의 문제를 해결하실 수 있다는 것을 직관적으로 알고 있다.

따라서 상처가 괴로움으로 바뀌고, 용서하지 못하는 마음이 지속되면 우리 상황에 개입하여 문제를 해결해 주지 않으시는 전능하신 하나님께 실망을 느낀다. 그러면 그분의 선하심과 공평하심을 의심하게 되고, 결국 모든 일을 공평하게 처리하시는 하나님을 오해하게 된다.

시편의 열정적인 외침과 기도를 읽다 보면, 이런 감정을 쉽게 찾아볼 수 있다. 이를 알아보기 위해 히브리어 사전이 필요한 것은 아니다. 우리는 거의 모든 시편에서 이런 감정을 담은 기도와 외침을 찾아볼 수 있다.

여호와여 어느 때까지니이까 나를 영원히 잊으시나이까 주의 얼굴을 나에게서 어느 때까지 숨기시겠나이까… 내 원수가 나를 치며 자랑하기를 어느 때까지 하리이까(시 13:1-2).

이 모든 일이 우리에게 임하였으나 우리가 주를 잊지 아니하며 주의 언약을 어기지 아니하였나이다 우리의 마음은 위축되지 아니하고 우리 걸음도 주의 길을 떠나지 아니하였으나 주께서 우리를 승냥이의 처소에 밀어 넣으시고 우리를 사망의 그늘로 덮으셨나이다… 주여 깨소서 어찌하여 주무시나이까 일어나시고 우리를 영원히 버리지 마소서 어찌하여 주의 얼굴을 가리시고 우리의 고난과 압제를 잊으시나이까(시 44:17-19, 23-24).

욥 역시 불공평해 보이는 상황을 놓고 서슴지 않고 하나님께 따졌다.

참으로 나는 전능자에게 말씀하려 하며 하나님과 변론하려 하노라… 주께서 어찌하여 얼굴을 가리시고 나를 주의 원수로 여기시나이까(욥 13:3, 24).

어디까지 허용되는가?

우리는 하나님께 솔직할 수 있을까? 물론이다.

하나님은 우리에게 가해진 죄악을 포함하여 모든 죄에 대해 우리가 의로운 분노를 품을 수 있게 하시는가? 물론 그렇다.

그러나 하나님을 향한 우리의 정직한 질문이 도를 넘어 교만한 마음이 되는 지점이 있다. 그 지점은 우리가 하나님께 강력하게 따지며 '불순종하는' 지점이다.

성경 말씀은 의로운 분노라 할지라도 죄로 확대되지 않도록 하라고 경고한다. "너희는 분노하여도 죄짓지 말아라"(시 4:4, 새번역). 대신 시편 기자는 "자리에 누워 심중에 말하고 잠잠할지어다 의의 제사를 드리고 여호와를 의지할지어다"(시 4:4-5)라고 말한다.

하나님은 하나님이시고, 우리는 하나님이 아니다.

하나님과의 관계에서 이 사실은 기본이다. 이 기본 위에서 하나님은 당신을 사랑하시고 소중히 여기시며, 어떠한 끔찍한 상황 속에서도 말로 다 묘사할 수 없는 너무나 놀라운 일을 행하신다.

그분은 헤아릴 수 없는 지혜와 사랑으로 이 타락한 세상에서 당신 삶에 영향을 미치는 가장 고통스러운 상황조차도 사용하셔서 당신을 연단하시고, 정결하게 하시고, 열매 맺게 하신다. 당신 삶을 통해 그분의 은혜와 영광을 밝게 드러내신다. 때때로 주님의 역사를 믿기 어렵다는 것을 나도 안다. 이런 고통을 어떻게 매주 매일 매시간 견뎌 낼 수 있을지 자신이 없다는 것도 안다.

그러나 나는 하나님을 향한 거침없는 분노는 하나님에 대한 잘못된 견해에서 비롯된다고 믿는다. 즉, 하나님이 당신을 무시하며 아무렇게나 대하신다고 생각하는 것, 또는 하나님이 당신이 겪고 있는 고통에 아무런 관심이 없다고 생각하는 것에서 비롯된다고 본다.

그러나 하나님은 당신을 위해, 당신과 함께 그 아픔을 겪고 계신다. 나는 이사야서에서 이스라엘 자손을 다루시는 하나님의 모습에서 주님이 얼마나 부드러운 분이신지 본다(심지어 그들이 자기 죄의 열매를 거둘 때도 하나님은 그들을 사랑으로 대하셨다). "그들의 모든 환난에 동참하사"(사 63:9).

하나님은 당신의 모든 고통에 함께하시며, 당신의 아픔을 함께 겪으신다.

하나님은 고난 한가운데서 당신과 함께하신다. 당신을 도우시며, 당신을 사랑하신다. 당신과 함께 아파하시며, 당신을 주님께로 돌아오게 하신다. 당신을 그분께 더 가까이 나아오게 하시고, 그분의 은혜와 능력을 더 의지하게 하신다.

겟세마네의 어둡고 흉측한 그늘 아래에서, 그리스도께서는 이제 곧 감당해야 할 십자가를 바라보며 눈물을 흘리셨다. 그리고 이렇게 말씀하셨다. "내 원대로 마시옵고 아버지의 원대로 되기를 원하나이다"(눅 22:42). 하나님의 마음을 알고 신뢰하게 되면, 당신도 당신의 십자가 앞에서 이렇게 말할 수 있게 될 것이다.

의아함, 도대체 왜, 만일 그랬다면

룻의 시어머니 나오미가 바로 이 딜레마에 빠져 있었던 전형적인 인물이다.

당신의 배우자가 현명하지 못한 결정을 내렸는데, 세월이 지나면서 그 결정으로 인해 가장 큰 아픔과 고통을 당신이 겪게 된 적이 있는가? 다른 사람의 실수로 인해 당신이 가장 큰 대가를 치른 적이 있는가?

그렇다면 당신은 나오미에게 쓰라리고 독한 마음이 생겨나게 한 비옥한 토양에 대해 공감할 수 있을 것이다.

고향 베들레헴에 기근이 들자, 나오미의 남편 엘리멜렉은 기근을 피하고자 그들의 가족을 데리고 모압에서 '잠시' 살려는 근시안적인 결정을 내렸다(룻 1:1). 안타깝게도 그 '잠시'는 몇 년이 되었다. 그리고 고향으로 돌아가겠다는 계획이 실현되기도 전에 엘리멜렉은 죽고 말았다.

나오미의 귀향을 더욱 어렵게 만들고 원치 않는 이교도 땅에 더 깊이 뿌리를 내리게 한 것은 두 아들이 모압 여인들과 결혼한 탓이었다. 그 후 몇 년 동안 그녀에게는 비극이 계속 닥쳐왔다. 두 아들이 다 죽고 젊은 며느리들만 남게 된 것이다.

이제 나오미는 가족이 없었다.

나오미가 며느리 룻과 함께 베들레헴으로 돌아온 것은 잘 알려진 이야기다. 룻기 1장은 나오미가 남편과 함께 풍요를 찾아 떠났지만 이전보다 훨씬 더 궁핍해져서(물질만이 아니라 영혼까지 공허해져서) 돌아온 이야기와 그녀에 대한 고향 사람들의 반응을 기록하고 있다.

나오미가 돌아오자 고향 사람들은 서로 "이이가 나오미냐"(19절) 하며 물었다. 남편이 어리석은 계획과 결정을 내리기 전까지 아내와 어머니로서 너무나 즐겁고 만족스러운 삶을 살았던 그 나오미가 바로 이 여자인가? 나오미는 남편의 이주 계획에 자신이 얼마나 관여했든 간에, 남편의 현명하지 못한 결정이 그녀의 삶을 망쳤다고 느꼈다. 그녀는 자기 인생이 이제 끝났다고 생각했다.

나오미라는 이름은 '나의 기쁨', '나의 기뻐하는 자'라는 뜻이다. 나오미는 고향 사람들에게 "나를 나오미라 부르지 말고"(20절)라고 했다. 대신 그녀는 "나를 마라[bitter, 괴로움]라 부르라"(20절)라고 말한다. 그 이유를 그녀는 이렇게 말한다. "전능자가 나를 심히 괴롭게 하셨음이니라 내가 풍족하게 나갔더니 여호와께서 내게 비어 돌아오게 하셨느니라 여호와께서 나를 징벌하셨고 전능자가 나를 괴롭게 하셨거늘 너희가 어찌 나를 나오미라 부르느냐"(20-21절).

나오미는 자신이 당한 재앙의 책임을 누구에게 돌리고 있는가? 나오미와 엘리멜렉은 그들이 어디서 살지 스스로 선택했다. 만약 모든 일이 순조롭게 진행되었다면, 그들은 아마도 자신들이 사태를 미리 파악하고 상황에 정확하게 대처해서 그런 거라며 서로의 등을 두드려 주었을 것이다.

하지만 모든 일이 잘 풀리지 않았다. 그리고 하나님이 그 책임을 지고 계시다. 당신도 이런 경험이 있는가? 자신의 잘못된 선택이나 다른 사람의 잘못된 선택으로 희생자가 된 적이 있는가? 그런데 잘못된 선택에 대한 책임을 당신이 지거나 당신을 잘못 인도한 사람을 용서하는 대신, 하나님을 향해 분노한 적은 없는가? 재앙을 피할 수 있는 시간에 경고도 하지 않으시고, 당신을 끄집어내지도 않으시고, 개입하셔서 막지도 않으시고, 이러한 상황이 발생하도록 내버려두신 하나님을 향해서 말이다.

이 시점에서 어떤 사람들은 마치 하나님이 잘못을 저지르셨고, 용서가 필요한 것처럼 "하나님을 용서해야 한다."라고 제안하기도 한다. 우리가 하나님을 용서한다고? 이에 대해 생각해 보자. 이런 말이 불쾌감을 주거나 도를 넘으려는 마음에서 나온 말이 아니었다고 해도, 그 생각 자체가 명백한 신성 모독에 해당한다. 의로운 주권자이신 하나님에 대해 우리가 그분을 용서할 자격이 있다고 생각하는 것은, 하나님의 이름을 비하하고 우리의 중요성을 부풀리는 행위다.

하나님은 우리의 용서가 필요 없으신 분이다. 그분은 결코 실수하지 않으시며 그로 인한 죄가 없으시다. 사실, 당신이 하나님을 향해 가혹하고 불공평한 처사라고 따지는 일이 실제로는 당신에게 최고의 복된 일로 판명될 수도 있다. 적어도 우리는 아버지의 전지하신 은혜로 인해 그 일이 당신의 유익과 그분의 영광, 그리고 그분의 영원한 나라의 발전을 위한 방편이 될 수 있다는 사실을 알고 있다.

그러므로 나는 당신이 하나님의 마음을 다시 한번 헤아려 보길 바란다. 고통스러운 혼란 속에서도 당신 삶에 대해 당신 스스로 알아낼 수 있는 것보다 더 깊고 사랑스러운 계획을 가지고 계신 분을 바라보길 바란다. 믿음의 시련을 통해 그분께 순종하기로 선택한다면, 주님의 임재와 도우심이 당신에게 충분하다는 사실을 확신하게 될 것이다. 그분은 이 실망, 이 비통, 이 말할 수 없는 상황을 사용하여 당신을 가르치고 훈련하시며 당신의 삶에 대한 그분의 거룩하고 영원한 목적을 성취하실 것이다.

하나님께 화를 내는 것은 상황을 더 악화시키고 당신의 치유를 더욱 지연시킬 뿐이다.

어떻게 생각하는가?

나오미는 그 사실을 이해하지 못했다. 심지어 나오미는 분노를 터뜨릴 때 하나님에 대해 '엘 샤다이'(*El Shaddai*)라는 단어를 사용했는데, 이는 '전능자', '모든 것을 공급하시는 분'이라는 뜻이다. 하지만 그 단어조차도 그녀의 깊은 분노와 환멸을 드러내는 데 쓰였을 뿐이다. "물론 당신들은 그분을 전능자, 모든 것을 공급하시는 분, 여호와라고 부르며 스스로 속여 그렇게 믿고 있지만, 내게는 그런 분이 아닙니다. 내 인생에서 그분은 그분의 이름에 걸맞지 않게 행하심이 분명합니다."라는 의미다.

얼마 전 한 친구가 큰 상실을 경험한 여동생과 어떤 대화를 나누었는지 들려주었는데, 나오미의 불평과 매우 흡사하게 들렸다. 친구의 여동생은 자신을 기독교인이라고 고백하지만, 하나님이 자신에게 등을 돌리신 것 같다고 말했다. 그리고 하나님이 자신이 생각했던 것과는 다른 분인 것 같다고 말했다. 그 후 그녀는 하나님의 말씀에 명백히 반하는 결정을 내리며 하나님과 무관하게 자기 멋대로 살고 있다. 그녀는 인정하지 않았지만, 그녀의 분노와 앙심은 하나님을 향하고 있었다.

당신은 어떤가? 당신 삶에서 하나님은 그분의 이름에 합당하게 행하지 않으신다고 느끼는가? 설교나 주일학교 공과에서 배우는 하나님과 당신이 가장 필요로 할 때의 하나님이 전혀 다른 분처럼 느껴지는가?

당신의 마음에 귀 기울여 보라. 당신은 하나님에 대해 어떻게 말하고 있는가? 당신의 삶은 하나님에 대해 무슨 메시지를 전하고 있는가?

나오미가 말한 것은 고작 하나님이 자신에게 얼마나 끔찍하게 행하셨는지에 대한 것이었다. 하지만 당신이 불평 가운데 그분의 이름을 말하거나 그분의 성품을 묘사할 때, 또는 당신의 삶에 닥친 상황에 대해 원망할 때, 그것을 듣는 사람들은 하나님에 대해 어떻게 생각하게 되겠는가?

나는 몇 년 전 존 파이퍼 목사가 전립선암 진단을 받은 후 쓴 편지를 읽고 감동했다.[1] 존 파이퍼 목사처럼 성경적으로 건전하고 확고한 사람이라도 그런 소식을 듣고서 은혜와 경건한 관점으로 반응하지 않을 수도 있다.

그러나 그는 은혜로 반응했다. 그의 말은 마치 영원하고 광대한 거리를 가로질러 들려오는 하나님의 부르심처럼 내 마음에 영감을 주었다. 그의 말은 하늘에 계신 우리 아버지께서 모든 일을 정확하게 이루고 계시며, 일생이라고 부르는 일시적인 세월을 견뎌 내도록 우리에게 힘을 주신다는 사실을 상기시켜 주었다. 암에 걸린 사실을 나눈 존 파이퍼 목사는 다음과 같이 말했다.

물론 이 소식은 내게 좋은 소식이었습니다. [이 문장이 나를 사로잡았다. '이 소식이 내게 좋은 소식이라고?' 오타인가? 아니었다. 계속 읽어 나갔다.] 세상에서 가장 위험한 것은 자신을 신뢰하는 것과 세속에 물드는 죄입니다. 암 소식은 놀랍게도 이 두 가지 현상에 강타를 날렸습니다.

나는 하나님께 그 일로 감사했습니다. 최근에 그리스도와 함께하는 시간은 놀라울 정도로 달콤합니다.

…하나님은 나와 여러분의 유익을 위해 이 시련을 계획하셨습니다.

…그래서 나는 "주님, 당신의 크신 영광을 위해… 이 경험을 통해 주님이 제게 주시려는 거룩한 축복을 하나도 놓치지 않게 해 주십시오."라고 기도하고 있습니다.

이 글을 읽으면서 나는 '이분은 참으로 본인이 설교한 그대로 믿으시는 분이구나. 그리고 용광로 한가운데서 그의 믿음대로 살아 내고 계시는구나.'라고 생각했다.

하지만 나오미의 관점은 이와 달랐다.

분명히 그녀는 많은 고통을 겪었다. 어쩌면 그녀의 잘못이 아님에도 많은 괴로운 일을 견뎌야 했을지 모른다. 그러나 그녀는 피난처 되시는 하나님께 나아가는 대신, 못마땅한 쓴 마음으로 하나님께 응답했다. 그녀의 얼굴 전체가 그런 표정을 짓고 있었다.

그녀의 반응은 내가 앞에서 언급한 히브리서 12장 15절을 떠오르게 한다. "쓴 뿌리가 나서 괴롭게 하여 많은 사람이 이로 말미암아 더럽게 되지 않게 하며…."

나는 '많은 나오미'가 결혼 생활, 교회, 직장, 사역, 우정, 가정에 어떤 해를 끼치는지 수없이 봐 왔다. 하나님과 다른 사람들을 향한 그들의 앙심과 분노에는 독이 들어 있다. 그러나 그들은 종종 자신의 양심과 그것이 다른 사람들에게 미치는 악영향을 거의 인식하지 못한다. 자신의 상처를 치유하거나 동정심과 이해를 얻으려는 그들의 시도는 그들 주변 세상을 오염시킨다.

하나님을 향한 우리의 분노는 반드시 독이 되어 나오미의 경우처럼 우리 마음을 넘어 멀리까지 퍼질 것이다. 지극히 개인적인 일처럼 보이는 분노는 우리 자신 안에만 머무르지 않는다. 반드시 드러나기 마련이다.

채워지지 않는 갈망

어쩌면 하나님에 대한 당신의 분노는 하나님이 당신에게 허락하시지 않은 꿈에서 비롯된 것일 수 있다. 당신이 차지했어야 할 승진이 당신보다 부족한 다른 사람에게 돌아갔다거나, 한때 익숙했던 생활 수준보다 훨씬 낮은 생활 수준을 강요하는 재정적 좌절 같은 것 말이다.

어쩌면 하나님에 대한 당신의 분노는 결혼한 사람들 사이에서 독신으로 살게 되면서 비롯된 것일 수도 있다.

자녀가 없는 것 역시 하나님에 대한 분노의 원인일 수 있다. 왜 그분은 우리 마음과 삶의 취약한 부분에서 이런 식으로 우리를 조롱하시는 것일까? 하지만 우리는 하나님께 무엇을 받든, 또는 받지 못하든, 그 상황을 그대로 받아들이는 법을 배워야 한다. 우리는 그분의 주권 앞에 굴복하는 법을 배워야 한다.

그것은 우리의 선택이다. 불평불만으로 자신의 방식을 고집하면서, 하나님은 변덕스럽고 잔인하신 분이라며 그분을 탓하고 분노할 것인가? 아니면 하나님이 그분의 일을 하고 계시며, 우리를 더 큰 섬김의 그릇으로 준비시키시려고 우리 안에서 우리를 정결케 하시고, 우리 마음과 소망을 넓히기 위해 '시간'을 사용하고 계심을 믿을 것인가?

이는 이사야 26장 3절이 말하는 "심지가 견고한 자"가 되기 위해, 우리가 볼 수 없고 이해할 수 없는 상황에서 우리 마음을 주님께 '머물게' 하는 복종의 훈련이다. 이때 우리는 하나님의 이해할 수 없는 섭리에 만족하는 법을 배운다.

항공기 조종사는 계기판을 읽는 법과 그 도구를 신뢰하는 법을 배워야 한다. 폭풍이나 심한 눈보라처럼 시야가 보이지 않는 상황이 닥칠 때, 그들은 방향 감각을 잃고 그릇된 판단으로 생명을 위협하는 결정을 내릴 수도 있다. 그러한 상황에서는 본능이나 느낌보다는 계기판을 믿으려는 의식적인 선택을 해야 한다.

신자에게 하나님의 말씀은 계기판이다. 우리 삶이 '시야가 보이지 않는 상황'에 이를 때, 감정은 우리를 저버리고 하나님의 말씀을 부인한다. 하나님이 우리와 상관하지 않으시거나 실수하셨다고 주장한다. 그러나 그 시점에서 우리는 감정에 의존하지 말고 계기판이 우리에게 말하는 것을 과감하게 신뢰하며 선택해야 한다.

우리는 감정과 느낌의 지배를 받는 사람으로 태어난다. 그러나 우리는 "그리스도를 그같이 배우지" 않았다(엡 4:20). 새로운 피조물로 변화되었다는 것은 우리 감정이 우리 내면의 '운전석'에 제멋대로 접근할 수 없다는 것을 의미한다.

이 지점에서 그리스도인과 비그리스도인이 구분된다. 불신자가 그들의 삶이 잘 풀리지 않을 때 하나님께 화를 내는 것은 당연하다. 그들에게는 그들의 감정적인 분노를 저지할 수 있는 더 크고 설득력 있는 요인이 없기 때문이다. 바르게 보도록 반응을 지시하는 안정적이고 객관적인 도구가 전혀 없기 때문이다.

그러나 우리는 구속, 즉 죄 사함을 받음으로써 그분의 은혜로 우리의 뜨겁고 감정적인 인간적 분노를 우리 삶을 향한 하나님의 사랑스럽고 영원한 목적에 대한 합당한 신뢰로 바꿔 낼 수 있다.

하나님의 섭리를 믿으며 살아갈수록 채워지지 않는 갈망과 삶의 풀리지 않는 수수께끼에 대해 더욱 하나님을 신뢰할 수 있다. 그분을 더 즐거이 사랑하고 경배하며 그분이 공급해 주시는 것에 만족하게 된다. 또한 믿음이 실상이 되고, 나의 제한된 기준으로는 이해되지 않던 모든 것이 분명해질 그날을 더욱 인내하며 기다릴 수 있다.

죽음 앞에서의 용서

인간적으로 말하자면, 앞에서 언급한 빌 엘리프의 어머니는 남편이 저지른 죄로 인해 얼마든지 마음속에 앙심을 품을 수 있었다. 그런데 남편이 가출한 지 1년도 채 지나지 않아 그녀는 아직 충분히 고통을 당하지 않았다는 듯 알츠하이머병에 걸리고 말았다. 이는 하나님께 화를 낼 만한 또 다른 이유일 수 있었다.

그해에 그녀가 겪은 아픔이 어떠했을지 나는 상상조차 할 수 없다 (어쩌면 당신은 상상할 수 있을지도 모르겠다). 단지 내가 아는 사실은 남편의 비정한 행위로 인해 그녀가 그 어느 때보다 화를 내기 쉬운 상황이었다는 것이다.

그녀는 서서히 몸의 기능과 행동 능력을 잃어 갔다. 이 두려운 상황을 남편의 도움 없이 홀로 견뎌야 했을 때 그녀의 심정은 어땠을까? 그녀가 넘어질 때 잡아 주고, 당황스러운 상황에서 위험을 줄여 주고, 점점 몸이 굳어지는 증상이 드러나지 않도록 막아 주어야 할 남편이 바람이 나서 그녀 곁에 없을 때 그녀의 심정은 어땠을까?

그녀의 결혼 생활은 끝장났다. 그녀의 증세는 더 나빠졌다. 이 상황에서 하나님을 신뢰할 만한 일이 무엇이 있겠는가?

어느 날 빌은 병든 어머니를 보살피기 위해 여동생과 함께 어머니의 집으로 갔다. 아파트 안은 조용했다. 너무 조용했다. 어머니의 방에 들어서자, 뭔가 잘못되었다는 것을 알 수 있었다.

그의 어머니는 간신히 살아 있었다. 빌은 어머니를 품에 안고 가까운 병원으로 달려갔다. 의사는 어머니가 뇌출혈을 일으켰다고 말했다. 오후가 되기도 전에 그녀는 혼수상태에 빠졌고, 의사들은 그녀가 주말까지 살 가망이 희박하다고 했다.

그러나 일주일 후, 갑자기 어머니가 의식을 되찾고 깨어났다. 처음에 그녀는 알아들을 수 없는 말을 내뱉었다. 빌과 그의 여동생은 그 말을 알아들으려고 안간힘을 썼다. 그러나 단 한 단어만 정확하게 알아들을 수 있었다. 그녀는 그 단어를 세 번 반복했다.

"용서해라···. 용서해라···. 용서해라···."

다음 날, 가족들이 그녀의 침대 주위에 모였다. 그들은 노래를 부르고, 기도를 하고, 성경을 읽었다. 그러면서 잠시 의식이 돌아온 어머니와 과거의 추억을 나누고 있었다. 그때 전화벨이 울렸다.

빌의 아버지였다!

가족들은 수화기를 어머니의 귀에 대 주었다. 그들은 어머니가 온 힘을 다해 용서와 사랑의 말을 하는 것을 들었다. 선하시고 은혜가 풍성하신 하나님을 계속 신뢰해 온 그녀는 자신에게 큰 상처를 주고 떠난 이 남자에게 이별의 선물로 은혜를 전해 주었다.

그다음 날 아침, 그녀는 잠시 정신이 맑아져 자기감정을 표현할 수 있게 되자 아들에게 이렇게 말했다. "빌리, 아버지가 전화를 하다니. 정말 대단하지 않니? 사실 우리는 아버지가 주님께 돌아오기를 기도해 왔잖아!"

그날 밤, 그녀는 다시 혼수상태에 빠졌다. 그리고 다시는 깨어나지 못했다. 임종을 며칠 앞두고 그녀의 아들딸, 며느리, 사위, 손자, 손녀 등 온 가족이 마지막으로 그녀 주위에 모였다.

그리고 그녀의 남편이 그 자리에 왔다.

빌의 어머니는 이 시련을 겪으면서, 오랫동안 살아온 이 배우자와 다시는 재결합할 수 없다는 사실을 일찍이 깨달았다. 그녀는 자기 삶이 예전과 같지 않을 것을 잘 알고 있었다. 하지만 예상치 못한 충격적인 사건으로 정신적 고통과 상처에 시달리다가 모든 것을 내려놓는 순간에 이르렀다. 그녀는 주님께 "아버지, 제가 원하는 단 한 가지는 오직 주님만이 영광 받으시는 것입니다."라고 고백했다.

그녀는 분노를 선택할 수도 있었다. 어쩌면 그것이 당연한 일이었을지 모른다.

그녀는 하나님을 멀리하고 그분이 주신 은혜를 더는 사용하지 않았을 수도 있었다. 그러더라도 아마 그녀에게 공감하며 동의할 친구들도 있었을 것이다.

하지만 그녀는 그렇게 하는 대신 하나님의 목적에 자신을 맡겼고, 그 목적이 실현되는 것을 볼 수 있었다.

당신은 어떤가? 빌과 그의 형제자매들, 그리고 그들의 어머니가 처했던 일처럼 위험하고 견딜 수 없는 상황에 있는가? 이를 악물고 하나님을 향해 소리 지르면서 당신의 마음과 삶을 향해 냉정하게 닫혀 있는 듯한 천국 문을 쾅쾅 두드리고 싶지는 않은가?

하나님은 화를 내는 선지자에게 두 번이나 이렇게 질문하셨다. "네가 성내는 것이 옳으냐"(욘 4:4, 9).

하나님은 당신을 사랑하신다. 하나님은 당신의 마음을 아신다. 하나님은 당신을 홀로 두지 않으신다. 그분의 주권적인 지혜와 선하심과 사랑을 신뢰하면, 당신은 언젠가 당신이 기도했던 모든 일이 달콤하게 회복되는 것을 볼 것이다.

또 그렇지 않더라도 그분의 뜻과 보살핌 안에서, 그분의 마음을 신뢰하는 사람만이 도달할 수 있는 축복의 장소, 즉 피난처를 발견할 것이다. 어둠이 덮칠지라도 그분을 계속 신뢰하게 될 것이다.

적·용·하·기

1. 하나님의 선하심과 지혜 또는 하나님의 사랑에 의문을 품게 하는 상처나 실망, 채워지지 않는 갈망을 경험한 적 있는가? 그때 어떻게 반응했는가?

2. 역경을 대하는 당신의 전형적인 반응은 하나님에 대한 어떤 메시지를 다른 사람들에게 전하는가?

3. 이 장에서 나는 "하나님을 향한 거침없는 분노는 하나님에 대한 잘못된 견해에서 비롯된다."라고 말했다. 하나님에 대한 더 정확한 견해와 더 깊은 신뢰를 위해 어떤 일을 할 수 있겠는가?

07
진정한 용서와
거짓 용서

기독교는 죄를 가볍게 여기지 않는다.
…오히려 우리에게 가해진 죄를 너무 심각하게 받아들여
그 죄를 바로잡기 위해 하나님은 자기 아들을 주셨다.
그 아들은 누군가가 우리에게 행한 죄악에 대해
우리가 그 사람에게 줄 수 있는 그 어떤 고통보다
더 큰 고통을 당하셨다.

존 파이퍼(John Piper)

이 책을 읽는 동안 주님이 용서의 중요성과 필수성에 대해 당신 마음에 진정으로 말씀하셨기를 바란다. 당신 삶에서 용서가 가장 힘들었던 구체적인 상황을 되돌아보면서, 하나님이 그리스도로 인해 당신의 깊은 죄를 용서해 주신 일뿐만 아니라 당신이 다른 사람에게 자비를 베풀도록 지금도 모든 것을 공급하시는 하나님의 깊은 은혜를 보았길 기도한다.

　당신이 용서하기로 선택한다면, 그곳에 그분의 자비가 있다. 그분도 거기에 계신다.

　당신은 우리가 성경을 통해 지금까지 조사한 용서의 개념을 살펴본 후에도 여전히 용서가 너무 고통스럽고 고려하기 어렵다고 느낄 수 있다. 아니면 솔직히 상처를 치유하기보다는 계속 상처를 키우며 분노를 음미하고 있을 수도 있다. 어느 쪽이든, 당신은 용서할 준비가 되어 있지 않다. 만약 당신이 이렇다면, 나는 진지한 경고의 말씀을 당신과 나누고 싶다.

용서의 문제에서 하나님을 신뢰하고 순종하지 않는 마음은, 비록 그 마음이 강퍅함보다는 기진맥진함과 자기 보호 본능에서 비롯되었다 할지라도 주변을 쓴 독으로 오염시킬 것이다. 당신은 날마다 주변에 끼치는 해로운 영향을 의식하지 못할 수도 있다. 하지만 용서하지 못하는 마음은 당신에게로 향하는 하나님의 은혜를 차단할 것이다. 사탄은 당신의 불신앙적인 마음을 발판 삼아 당신을 사로잡을 것이다. 그는 당신의 위선과 하나님을 향해 손가락질하며 하나님은 당신이 생각하는 것처럼 강하거나 사랑이 많지 않다고 비난할 것이다.

당신에게 일어난 일이 끔찍하지 않다는 뜻이 아니다. 하지만 용서하지 않는 곳에는 위로가 없다. 용서하지 않는 마음은 아무것도 누그러뜨리지 못한다. 아무것도 이루지 못한다. 하나님의 능력이 가까이에 있고 당신에게 위로를 가져다줄 준비가 되어 있는데, 왜 당신은 계속 앙심이 당신을 집어삼키도록 내버려두는가?

나는 진정으로 용서의 편에 서고 싶어 하는 많은 사람이 용서에 대한 그릇된 통념과 개념 때문에 용서의 과정에서 무너지는 것을 알고 있다. 그들은 용서의 느낌과 성격을 오해하고 있다. 그 결과 그들은 자유를 향한 여정에서 좌절한다.

이 장에서는 용서의 영역에서 진실인 것처럼 가장된 네 가지 일반적인 통념을 살펴볼 것이다. 물론 다른 것들도 있지만 이 네 가지가 가장 널리 알려지고 가장 혼란스러운 통념이다. 만일 당신이 용서에 대한 이러한 오해에 빠져 있다면, 하나님의 말씀을 붙들라. 그러면 말씀의 빛이 안개를 걷어 내고, 당신은 하나님의 놀라운 힘에 의지하여 고개를 높이 들 것이다. 주님의 풍성한 은혜에 감사하며 하나님의 자유의 공간으로 들어갈 수 있을 것이다.

용서한 것같이 느껴지지 않아

어쩌면 당신은 1) '용서와 좋은 느낌은 항상 함께한다.'라는 잘못된 가정에 붙들려 있을지도 모른다.

당신은 가해자를 용서하도록 도와주실 하나님을 진심으로 신뢰했을 수 있다. 당신은 그분께 마음을 드렸고, 그분 앞에 모든 것을 맡겼다. 당신에게 상처 준 사람을 처벌할 권리를 내려놓았다. 그런데 전화벨이 울린다. 그들의 생일이 다가온다. 과거에 상처를 주었던 비슷한 상황이 또다시 재연된다. 이제 당신은 다시금 끓어오른다.

이때 사람들은 "용서했다면 이런 감정을 느끼지 않을 텐데…. 나는 아직 그를 진정으로 용서하지 않은 것 같아."라고 결론을 내린다.

하지만 용서는 감정으로 입증될 수 없다. 또한, 감정으로 용서의 동기를 부여받거나 힘을 얻을 수 있는 것도 아니다. 용서는 선택이다. 반면, 감정은 종종 선택이 아니다. 올바른 방법, 즉 하나님의 방법으로 누군가를 용서하고도 자신이 내린 결정과 완전히 모순되는 생각이 여전히 머릿속을 스쳐 지나갈 수 있다.

용서는 여러 면에서 고도의 지능이 요구되는 일이 아니다. 종종 용서의 의무를 인정하고 따르기가 어려울 수 있겠지만, 용서 자체는 성경에 제시된 것처럼 매우 간단하다.

또 용서는 정밀과학도 아니다. 용서는 튤립 구근(球根)을 심는 것과 다르다. 즉, 한 번 심으면 다시는 생각할 필요가 없고 봄이 되면 저절로 예쁘고 상쾌하게 피어나는 그런 것이 아니다. 오히려 삶은 계속되고, 때때로 당신이 돌보지 않을 때 오래된 감정이 다시 일어난다. 그러면 그 감정을 파내어 처리한 후 다시 심어야 한다. 또는 드러난 감정 전체를 당신 앞에 두고 다시 처리해야 할 때도 있다.

하지만 그런 감정은 당신의 용서를 부정하는 것이 아니다. 단지 하나님이 그 감정을 다스리시도록 당신이 믿음으로 용서의 자리에 서서 계속 용서할 기회를 제공할 뿐이다.

그냥 잊을 수는 없는가?

많은 사람이 2) '용서는 잊는 것을 의미한다.'라는 통념을 가지고 살아간다. 이는 하나님이 우리를 용서하신 방식, 즉 우리의 죄를 "동이 서에서 먼 것같이"(시 103:12) 멀리 던지신 방식을 가리킬 것이다.

그러나 성경은 하나님이 우리의 죄를 '잊으신다'고 말한 적이 없다. 모든 것을 알고 계신 하나님이 어떻게 무언가를 잊으실 수 있겠는가? 그 대신 성경은 하나님이 우리의 죄를 우리에게 '돌리지' 않으셨다고 말한다(고후 5:19). 그분은 우리의 죄를 우리의 것으로 기억하지 않으시고(히 10:17), 다시는 그 죄를 들춰내지 않기로 하셨다. 다시는 그 죄로 우리를 비난하거나 정죄하지 않기로 하셨다. 그분은 우리에게 용서에 대한 약속의 본을 보여 주셨다.

따라서 당신이 가해자의 어떤 죄를 잊을 수 없다고 해서 당신이 그 죄를 용서하지 않았다는 의미는 아니다.

우리는 '모든 고통을 다 잊을 수 있다면 얼마나 좋을까? 모든 기억을 다 다룰 필요가 없다면 용서하기가 얼마나 더 쉬울까?'라고 생각하고 싶은 유혹을 받는다. 하나님이 신성한 지우개로 과거의 모든 부정적인 기억을 단숨에 지워 버리시기를 바라기도 한다. 그럴 때가 있지 않은가?

확실한 건 아니지만, 나는 과거의 가장 쓰라린 기억이 하나님의 은혜와 용서를 강력하게 상기시킨다는 사실을 발견했다. 즉, 내 삶에서 하나님의 자비를 보여 주는 살아 있는 기념비이자 계속 하나님을 의지하고 신뢰하게 하는 이정표가 될 수 있다.

더욱이 과거의 상처에 대한 기억은 다른 상처받은 사람들을 위한 사역의 강력한 발판이 되기도 한다.

죄와 불의로 인한 타격으로 우리 마음이 손상되었을 때의 느낌을 기억하지 못한다면, 도대체 어떻게 주변 사람들이 겪고 있는 고통을 이해할 수 있겠는가? 어떻게 그들을 향해 부드러운 마음과 연민을 가질 수 있겠는가? 고통의 아픔을 어느 정도라도 공감하지 못한다면 어떻게 주님의 위로로 그들에게 다가갈 수 있겠는가?

이러한 기억은 분노에 휩싸여 절망에 빠지는 것이 얼마나 쉬운 일인지 깨닫게 해 준다. 다른 사람의 눈을 똑바로 바라보며 "나도 겪어 봤어요. 알아요. 그리고 말씀드리는데, 그분의 은혜는 당신에게 충분합니다."라고 말할 수 있게 한다.

성경은 고난을 통해 우리가 하나님께 깊고 풍성한 위로를 받게 되며, 다른 사람들에게도 그 위로를 전할 수 있게 된다는 사실을 상기시킨다.

> 자비의 아버지시요 모든 위로의 하나님이시며 우리의 모든 환난 중에서 우리를 위로하사 우리로 하여금 하나님께 받는 위로로써 모든 환난 중에 있는 자들을 능히 위로하게 하시는 이시로다(고후 1:3-4).

이 말씀은 매우 중요하다. 용서는 단순히 우리의 상처에 '대처'하는 방법이 아니다. 용서는 그 이상의 의미가 있다. 하나님의 자비와 은혜, 그리고 용서 과정에서 배운 교훈은 우리를 넘어 다른 사람들에게도 축복의 수단이 된다. 하나님이 우리 안에 수여하신 것은 우리만을 위한 것이 아니다.

물론 하나님은 자비롭게도 어떤 기억들은 우리 마음속에서 영원히 지워 주신다. 그러나 그런 은혜를 주신 하나님은 감사하게도 우리가 다른 사람들을 섬기는 데 유용하게 사용되도록 어떤 기억들은 우리 마음속에 그대로 남겨 두신다.

우리 스스로 모든 기억을 완전히 지울 수 있다면, 우리는 너무 쉽게 자기도취에 빠져 쓸모없는 존재가 될 것이다. 우리는 마음속 깊이 이 사실을 알고 있다.

과정으로서의 용서

많은 사람이 삶에서 용서의 실제와 축복을 경험하지 못하게 되는 세 번째 통념이 있다. 3) '용서는 오랜 시간이 걸리는 과정이며 치유가 완료될 때까지는 용서가 이루어진 것이 아니다.'라는 생각이다.

나는 사람들이 "용서를 향해 나아가고 있다." 또는 "용서하는 과정에 있다."라고 말하는 것을 들었다. 때로 어떤 이들은 수년간 상담과 치료를 받은 후에도 그런 말을 한다. 물론 끔찍한 범죄를 받아들이고 견디는 과정은 길고 힘든 여정이 될 수 있다. 이는 의심할 수 없는 일이다. 용서가 가능한 곳에 도달하는 것 자체가 하나의 긴 여정이 될 수도 있다.

하지만 내 경험에 비추어 이야기하자면, 나는 신자들이 용서를 향해 '노력'하지만 결코 용서에 이르지 못하는 모습을 수년 동안 지켜보았다. 사실, 용서를 일종의 진행 과정으로 생각할 때 용서가 실제로 이루어지는 경우를 거의 보지 못했다.

용서를 선택하는 데는 길고 긴 과정이 필요하지 않다. 이는 우리를 향한 하나님의 용서가, 관망하면서 충분히 준비될 때까지 기다려야 하는 어떤 사건이 아닌 것과 마찬가지다.

깨어진 관계에서 회복과 화해를 이루려면 한 번의 기도나 결단보다 더 큰 노력이 필요하다. 여기에는 오랜 시간이 걸릴 수 있다. 그리고 발생한 사건과 하나님의 섭리에 대해 이해가 깊어지면, 당신의 용서 또한 더 깊은 단계로 나아갈 수 있다.

그러나 당신은 '하나님의 은혜로, 어떤 순간에 용서를 선택'할 수 있다. 당신이 이해할 수 있는 수준까지 말이다. 물론 앞으로 훨씬 더 많은 것이 요구될 수도 있지만, 용서하지 못하는 감옥에서 풀려나는 사건은 오늘 당장 발생할 수 있다. 바로 이 순간, 용서는 확정된 사실이 될 수 있다.

어떤 사람들은 용서는 긴 치유 과정의 마지막에 나타나는 결과라고 주장한다. 정신과 감정, 마음, 관계의 치유는 일반적으로 시간이 걸리고 발달 과정이 수반되는 것이 사실이다. 하지만 만일 우리가 완전히 회복될 때까지 용서를 미룬다면, 우리는 아마 결코 용서하지 못할 것이다.

나는 원칙적으로 용서의 시점 이후에 치유와 회복의 과정이 뒤따르는 것이지, 그 반대가 아니라고 믿는다. 용서하려는 의지가 종종 진정한 치유의 시작인 경우가 많다. 용서의 지점에 도달하면 우리는 회복의 과정으로 온전히 들어갈 수 있다.

당신이 한순간에 하나님의 은혜를 받은 것처럼, 당신도 지금 당신의 의지를 표현하여 다른 사람에게 은혜를 베풀 수 있다. 그러면 그리스도 안에서 성숙해지고 용서의 열매가 꽃피기 시작한다. 당신의 마음이 더욱더 부드러워지고, 당신의 입에서 분노에 가득 찬 까칠한 말들이 더는 나오지 않는다. 그리고 당신의 반응은 더는 성급하거나 뾰족하지 않고 친절하고 부드러워진다.

그러므로 용서에 있어서 우리는 발전해야 하지만, 그것은 노력으로 이루는 어떤 과정이 아니다. 용서가 발생하면, 그 용서는 우리에게 영향을 끼친다.

미래의 용서

마지막으로 한 가지 더 짚고 넘어가야 할 통념은 4) '용서하면 항상 상황이 나아질 것이다.'라는 믿음이다.

하나님의 형상대로 지음 받은 인간은 일반적으로 상승 추세를 따르고, 그 과정에서 더욱 풍요롭고 충만하며 성취감을 느낄 것이라는 기대가 있다. 그래서 영화 제작자들은 강렬하고 스릴 넘치는 이야기, 클라이맥스를 향해 가는 이야기를 만들어 낸다. 놀이공원의 놀이 기구를 만드는 사람들이 느리게 시작해서 빠르게 끝나는 롤러코스터를 만드는 이유도 여기에 있다. 콘서트와 불꽃놀이에 '그랜드 피날레'(대단원)가 있는 것도 마찬가지다.

그러나 타락한 세상에서의 삶은 일반적으로 그렇지 않다. 그리스도를 믿는 신자들은 이 땅에서 보내는 세월이 우리의 영원한 생애 가운데 극히 일부에 불과하다는 것을 안다. 우리는 영광스러운 피날레가 우리를 기다리고 있다는 사실을 확신한다.

하지만 하나님과 화평하고 동료들과 화목하게 지내려면 용서가 삶의 한 방식이 되어야 한다. 당신이 과거에 가해를 당했듯이 앞으로도 분명 가해와 비방과 부당한 대우를 받는 일이 있을 것이다.

결혼 생활에서, 자녀와의 관계에서, 직장과 교회에서, 심지어 사역지에서도 당신은 반복적으로 똑같은 갈림길에 서게 될 것이다. 즉, 용서할 것인가, 아니면 원망과 앙심을 품을 것인가?

최근에 나는 디모데후서를 묵상했다. 이 편지는 사도 바울이 사형당하기 직전에 감옥에서 마지막으로 쓴 편지라고 학자들 대부분이 동의한다. 그런데 바울은 수년간 주님을 위해 충성스럽게 봉사하고 인생 후반부에 접어든 그 시점에서도 새로운 상처를 안고 있었다.

네로의 억압적인 정권 아래에서, 보복을 두려워한 "아시아에 있는 모든 사람"은 바울에게서 돌아섰다(딤후 1:15). 또 바울의 사역을 심각하게 훼손한 "구리 세공업자 알렉산더"도 있었는데, 그 사람은 바울에게 "해를 많이 입혔"다(딤후 4:14). 아마도 그는 바울이 감옥에 갇히는 것을 보고 좋아했을 것이다.

한때는 복음을 지지하고 바울의 유일한 소명과 사역을 지지하는 친구들이었지만, 박해를 당하자 바울과 함께 한 자가 하나도 없었다. 그들은 다 바울을 버렸다. 그러나 이러한 쓰라린 실망 가운데서도 바울의 반응은 분명했다. "그들에게 허물을 돌리지 않기를 원하노라"(딤후 4:16).

어떻게 이럴 수 있었을까? 어떻게 그는 그들을 용서할 수 있었을까? 새롭게 가해지는 상처와 죄를 어떻게 계속 용서할 수 있었을까?

새로 입사한 동료가 당신의 실력에 의문을 제기하며 비웃을 때 당신은 어떻게 대처하는가? 남편이 온라인 음란물에 오랫동안 중독되어 있다가 갑자기 그 사실이 드러났을 때 당신은 그 비참함과 배신감에 어떻게 대처하는가?

또는 심각하지는 않지만 매일 되풀이되는 문제들도 있다. 이웃집 개가 날마다 밤새 짖어 대며 당신을 잠에서 깨울 때 그 이웃을 어떻게 용서할 것인가? 친구를 믿고 당신의 고충을 은밀히 나누었는데 그 고충이 그 친구의 소그룹 모임에서 기도 제목으로 등장했을 때 당신은 친구에게 어떻게 자비를 베풀겠는가?

습관 들이기

나는 바울의 이러한 용서의 능력은 그가 수년 동안 연마한 세 가지 좋은 습관에서 나왔다고 생각한다. 그중 두 가지는 디모데후서에 구체적으로 언급되어 있고, 나머지 하나는 표면적으로 드러나지는 않지만 거기에 함축되어 있다.

1) 바울은 '하나님의 능력과 그분의 영원한 계획을 전적으로 신뢰했다.' 바울이 자신 및 주변에서 발생하는 일을 몰랐던 것이 아니었다. 현실을 부정하며 혼자 기분 좋게 지낸 것도 아니었다. 또한 자신에게 일어난 일들을 '망각하려고' 노력하지도 않았다. 대신, 그는 "주께서 나를 모든 악한 일에서 건져 내시고 또 그의 천국에 들어가도록 구원"하실 것이라는(딤후 4:18) 진리를 늘 마음속에 새기며 여러 상처와 충격을 감당했다. 자신에게 해를 끼친 알렉산더와 같은 사람들을 자신보다 더 분명하게 다루실 분이 있다는 것을 그는 알고 있었다. "주께서 그 행한 대로 그에게 갚으시리니"(딤후 4:14).

지금의 고통을 감당할 수 없다고 느끼는가? 가해자에게 퍼붓고 싶은 말들이 마음속에서 떠나지 않는가? 이 모든 분노를 감당할 수 없는가? 그렇다면 마음을 다해 당신의 염려를 주님께 맡기라. 당신의 연약함을 기도로 바꾸라. 하나님의 은혜에 당신 자신을 온전히 맡기고, 그분이 그분의 때에 그분의 방식대로 이 일을 처리하실 것을 믿으라.

2) 바울은 '자신의 안락함보다 소명을 더 소중히 여겼다.' 그는 자신의 사역과 에너지의 원동력인 복음 선포가 그의 개인적인 삶에서 펼쳐지는 어떤 드라마보다 더 중요하다는 것을 알고 있었다. 주님의 힘은 자신의 유익만이 아니라 "나로 말미암아 선포된 말씀이 온전히 전파되어 모든 이방인이 듣게 하심"(딤후 4:17)임을 알고 있었다.

하나님은 당신에게도 충분한 힘이 되어 주시는가? 물론이다. 그분은 바울에게 그랬던 것처럼 당신을 "사자의 입에서" 구출해 주시고 용서하지 못하는 질식할 것 같은 굴레에서 벗어나게 해 주실 것이다. 그러나 그분은 당신의 행복과 만족보다 더 많은 것을 마음에 품고 계신다. 그분은 당신을 통해 복음의 능력이 나타나 많은 사람이 변화되는 계획과 열정을 갖고 계신다. 당신의 용서 이야기는 주님의 이 계획과 열정을 이루는 방법이 될 것이다.

3) 바울은 '관용의 비결을 배웠다.' 관용은 오늘날 우리가 자주 듣는 단어는 아니지만, 만일 우리가 매일 그것을 실천하는 방법을 배운다면 용서하지 못하는 마음을 물리치는 가장 큰 무기가 될 것이다.

'관용하다'라는 단어는 화가 나는 일을 당했을 때 절제의 힘을 발휘

하여 인내하는 것을 의미한다. 사람들의 행동이나 무반응에 대해 오래 참아 주는 것, 기꺼이 참아 주는 것, 즉 어떤 일들을 그냥 넘어가 주는 것을 의미한다.

관용은 사실 "허다한 죄를 덮"는 사랑에서 나오는 부산물이다(벧전 4:8). 바울은 고린도전서 13장에서 이런 사랑에 대해 감명 깊게 표현했다. 사랑은 "성내지 아니하며 악한 것을 생각하지 아니하며… 모든 것을 참으며 모든 것을 믿으며 모든 것을 바라며 모든 것을 견디느니라"(고전 13:5, 7).

실제 삶에서 관용해야 할 일이 무엇인지 함께 살펴보자.

- 남편을 위해 특별한 일을 준비했는데 그가 전혀 알아채지 못할 때
- 성인이 된 자녀들이 당신이 바라는 만큼 자주 전화하지 않을 때
- 다른 동료가 한 일에 대해 상사가 당신을 책망할 때
- 시어머니가 기분을 상하게 하는 말을 할 때
- 교회의 어떤 지체가 아무 말도 안 하고 당신 옆을 지나칠 때
- 아이를 하나 더 갖는 것에 대해 부모님이 당신이 미쳤다고 생각할 때
- 교회에서 한 남자가 매주 당신에게 "일자리를 구했나요?"라고 물을 때
- 어떤 오토바이 운전자가 휴대전화로 통화하며 달리다가 당신을 거의 칠 뻔했을 때

이럴 때 당신은 어떻게 행동하는가? 당신은 관용해야 한다. 아무일이 없었던 듯 그냥 넘어가야 한다.

그렇다. 어떤 범죄들은 피하지 말고 맞서서 처리해야 한다. 하지만 다른 많은 불쾌한 일들, 사실상 대부분의 일은 그냥 간과하고 넘어가야 할 필요가 있다(우리의 문제는, 간과해야 할 죄들은 맞서고, 맞서야 할 죄들은 간과하는 경향이 있다는 것이다!).

가정과 일상에서 관용이 부족하면, 찰스 스펄전의 말처럼 "[파리의] 알이 타조알처럼 커질 때까지" 불쾌한 일을 과장하게 된다.[1] 그러한 과장은 긴장을 증폭하고 갈등을 심화시킨다. 관계에 벽을 쌓으며 인색하고 비열한 사람이 되게 한다. 우정을 끊어 놓기도 한다. 나는 부부 중 한 사람만이라도 관용을 실천하기만 하면 많은 이혼을 피할 수 있다고 확신한다. 우리가 서로 관용하는 법을 배운다면 직장에서의 많은 긴장과 오해가 사라질 것이다.

사소하고 일상적인 문제에서 관용하는 것은 앞으로 일어날 더 큰 문제에서 용서를 확장하기 위한 중요한 연습이자 준비다.

극도의 스트레스 상황에 내몰린 평범한 사람들이 놀라운 용서를 보여 주는 이야기를 듣거나 읽다 보면, 그들이 갑자기 그렇게 큰 용서의 능력을 갖추게 된 건지 의문이 든다. 아마도 그들은 일상적인 삶, 즉 우유가 엎질러진 것과 같은 상황에서 용서와 관용을 연습해 왔을 것이다.

자신을 강간하고 임신하게 했을 뿐만 아니라 에이즈까지 걸리게 한 남자를 용서하면서도 "우리는 고통을 느낄 때마다 또다시 용서해야 한다."라고 말하는 여인!

지갑에 있던 몇천 원 때문에 아버지가 총에 맞아 죽는 것을 지켜봤지만, 어느 날 그 범인과 악수하며 "당신을 용서합니다. 이것으로 끝났습니다."라고 선언하는 남자!

과속 무면허 운전자에게 정면으로 치어 두 자녀를 잃고 자신은 중태에 빠졌지만, 혼수상태에서 깨어나 남편에게 "당신, 그 사람을 용서했어요?"라고 말하는 여인!

이러한 영웅담은 그냥 일어나는 일이 아니다. 그러나 인생을 바꿔버리는 그런 끔찍한 사건이 발생하기 훨씬 전부터, 용서가 어떤 것인지 잘 아는 사람들에게는 거의 항상 일어나는 일이다.

당신도 이러한 사람 중 하나가 될 수 있다.

순교자, 과부, 그리고 아들

1956년 1월 8일, 에콰도르 정글에서 다섯 명의 선교사가 와오다니(Waodani) 인디언들에게 살해당한 소식에 기독교계는 충격에 휩싸였다. 이 사건과 관련하여 가장 먼저 떠오르는 이름은 짐 엘리엇(Jim Elliot)일 것이다. 이 사건 이후 그의 미망인 엘리자베스(Elisabeth)는 글쓰기와 강연 사역을 통해 많은 사람의 삶에 큰 영향을 미쳤다.

순교 50주년을 맞이하는 즈음, 나는 어느 날 오후 스티브 세인트(Steve Saint)와 함께 남아메리카의 강둑을 걸으며 대화의 시간을 가졌다. 그의 아버지 네이트(Nate)는 순교한 선교사 중 한 명이었다. 스티브 세인트는 나를 그때의 암울했던 시절로 데려갔고, 잊지 못할 몇 가지 생각과 인상을 내게 남겨 놓았다.

어린 나이에 부모를 잃은 경험이 있다면 그의 이야기에 공감할 수 있을 것이다. 하지만 나로서는 그 상실감과 후유증이 어떤 것인지 그저 상상만 해 볼 수 있을 뿐이다. 마지 세인트(Marge Saint)가 그녀의 다섯 살 난 아들에게 아빠가 돌아오지 않을 거라고 말했을 때, 그 아들은 당연히 엄청난 슬픔을 느꼈다.

하지만 50년이 지난 후, 아버지를 죽인 사람들에 대한 원망으로 힘들어한 적이 있냐고 스티브에게 물었을 때, 그는 이렇게 대답했다. "나는 나의 어머니와 다른 네 명의 미망인에게서 해결의 실마리를 얻었습니다. 그들 중 누구도 하나님이 실수하셨다거나 그들이 실수했다고 말하는 것을 들어 본 적이 없습니다." 이 미망인들은 어린 자녀들에게 경건한 믿음이 무엇인지 그 본을 분명하게 보여 주었다.

사실, 그 이야기에 대한 특집 영화 버전 시나리오를 짤 때 각본가들은 자신들이 그러한 비극에 직면하면 어땠을지 상상하며 스티브의 고뇌와 분노를 보여 줘야 한다고 주장했다. 하지만 각본의 어느 지점에서 스티브는 "여러분, 그건 사실이 아니에요. 나는 그 사람들을 미워한 적이 없었어요. 심지어 복수하고 싶었던 적도 없었어요."라고 말했다.

그러자 그들은 "스티브, 그것이 사실인 것을 우리도 알지만, 그렇게 된 이유는 당신의 어머니와 다른 여성들, 그리고 당신의 조부모님들이 모두 하나님을 믿었기 때문이에요. 당신은 이런 믿음의 유산을 물려받았지만, 대부분의 세상 사람은 이 유산을 갖고 있지 않아요."라고 대꾸했다.

그때의 대화를 떠올리며 스티브는 나에게 말했다. "그들의 말이 맞는 것 같아요. 하지만 현실에서 나는 왜 와오다니족이 그런 짓을 했는지 몰랐고, 아버지가 없었기 때문에 내가 자라서 어떻게 아버지가 될 수 있을지 몰랐어요. 그러나 하나님이 길을 열어 주실 것이며 나를 위한 그분의 계획이 있을 거라고 믿었어요. 50년이 지난 지금도 나는 하나님의 계획이 있다고 생각합니다."

믿어지지 않는 말이었다. 용서의 힘! 그 젊은 과부들은 자칫 자기연민에 빠질 수도 있었다. 하지만 그들의 믿음은 하나님의 도구가 되어 인간이 만들어 낸 고된 짐이 다음 세대 자녀에게 이어지지 않게 했다.

우리는 우리 삶의 방식을 지켜보는 우리 자녀들과 다른 사람들에게 그러한 책임을 감당해야 한다. 당신은 자녀들과 그 후손들에게 어떤 유산을 남기고 있는가? 만약 그들이 당신이 고통, 실망, 상실에 어떻게 대응하는지 보면서 삶의 실마리를 찾는다면, 그들이 자기 인생에 찾아온 비극에 어떻게 반응하겠는가? 당신의 반응이 하나님에 대한 그들의 관점에 어떠한 영향을 주고 있는가? 당신의 용서하는 마음(또는 앙심)이 미래 세대에 미칠 영향을 생각해 보았는가?

무의미한 비극?

놀랍게도 그 미망인 중 일부와 그 가족들은 학살을 자행한 사람들을 섬기기 위해 정글로 돌아갔다. 그리고 창으로 그들의 사랑하는 사람들의 목숨을 잔인하게 끊은 그들에게 복음을 전했다.

몇 년 후, 스티브의 아버지를 죽인 바로 그 사람 중 한 명이 스티브가 위기에 직면했을 때 그에게 도움을 줄 수 있었다.

스티브의 네 자녀 중 막내딸인 스테파니(Stephenie)는 '십대선교회'(Youth For Christ)에 참가하여 찬양팀 키보드 연주자로 1년간 선교 여행을 마치고 돌아왔다. 스티브는 처음에 이 선교 여행을 반기지는 않았지만, 딸에게 선교에 대한 뜨거운 열정이 있는 것을 보고 대학 휴학을 허락해 주었다. 스티브와 아내는 딸을 몹시 그리워했고, 딸이 어떤 일을 겪고 있을지 궁금했다. 마침내 딸이 비행기에서 내려 집으로 돌아오자, 스티브와 아내는 크게 안도했다.

그들의 막내딸이 집으로 돌아왔다.

환영 파티를 열고 함께 즐거워하는 중에 스테파니는 머리가 아프다며 조용히 침실로 들어갔다. 이를 지켜본 그녀의 어머니 지니(Ginny)도 딸의 방으로 갔고, 잠시 후 스티브에게 스테파니가 몹시 아픈 것 같으니 방으로 와서 기도해 달라고 부탁했다.

스티브는 아내와 딸 모두와 함께할 수 있어 기쁜 마음으로 서둘러 딸의 방으로 갔다. 지니는 스테파니를 무릎에 높힌 채 어린 소녀를 안듯 그녀를 꼭 감싸 안고 있었다. 스티브는 그들을 두 팔로 안고 스테파니의 두통을 낫게 해 주시길 하나님께 기도했다.

기도하던 중 그는 딸의 비명을 들었다. 딸의 얼굴을 들여다보니 눈동자가 위로 올라가 있었다. 심각한 뇌출혈이었다.

그들이 병원에 도착했을 때 딸은 이미 사망한 상태였다.

스티브가 말했다. "나는 무슨 일이 일어나고 있는지 몰랐어요. 나조차도, 우리가 하나님의 요청에 순종하면 그분 역시 우리의 규칙을 따를 의무가 있지 않은가 하는 생각을 했어요. 나는 그 생각이 옳지 않다는 것을 알지만, 그렇게 믿고 싶은 유혹을 받았습니다."

병원에서 스티브와 지니 옆에 서 있던 민케이(Mincaye)도 그런 유혹을 받았다. 민케이는 수년 전 네이트 세인트(Nate Saint)의 몸에 흉기를 찔렀던 사람이었다. 그는 "누가 이런 짓을 하는 거죠? 왜 그녀가 죽어야 하는 거죠?"라고 물었다.

처음에 그는 의료진과 구급차, 그가 이해할 수 없는 광경과 소리로부터 스테파니를 보호하고 싶어 했다. 하지만 모든 현실이 실제로 와닿기 시작하자, 이 아마존 정글에서 온 전사는 스티브 부부에게 큰 위안이 되는 말을 전했다. "하나님이 하신 일입니다. 하나님이 친히 이 일을 하시는 것을 모르겠어요?"

내가 이 이야기를 들으며 눈물을 닦고 있는데, 스티브가 말을 이어 갔다. "내가 온 마음을 다해 사랑했던 외동딸이 죽어 가는 동안, 나의 아버지를 죽인 민케이 할아버지는 믿음의 팔로 나를 감싸 안았습니다. 그러고는 내가 전해 받은 유산을 다음 세대에게 물려줄 수 있도록 도와주었습니다. 우리는 이 일을 이해하지 못하지만, 하나님께는 그분의 이유가 있습니다."

전적인 신뢰! 완전한 복구! 이 모든 일은 말로 표현할 수 없는 상황을 하나님의 방식으로 대처한 다섯 명의 용감한 여성들 덕분이었다. 그들의 유산은 계속 하나님의 역사를 빚어내는 도구로 쓰이고 있다.

에콰도르 정글에서 죽음의 총성이 울려 퍼지던 날, 그 잔혹한 만행에 담긴 하나님의 목적을 그 누가 상상할 수 있었겠는가? 하지만 무의미해 보이는 방식으로 목숨을 잃은 다섯 명의 선교사들 덕분에 많은 사람이 신앙을 갖게 되고 선교사로 헌신하게 되었다. 그리고 많은 사람이 평생 감사하고 희생하며 살게 되었다.

그렇다. 우리는 하나님이 뜻하신 일이 바로 우리 주변에서 일어나고 있어도 그분의 목적을 헤아릴 수 없다. 그러나 우리는 그분의 목적이 있다는 것을 안다. 또한 우리가 그분의 마음을 신뢰하고 사람들을 용서한다면, 하나님이 그분의 바람을 대대로 성취하시는 데 우리를 사용하시리라는 것을 안다.

적·용·하·기

1. 이 장에서 다룬 네 가지 '통념' 중 당신이 온전한 용서를 베풀지 못하도록 방해하는 것이 있는가?

2. 관용의 비결을 배웠는가? 당신이 현재 관용을 발휘해야 하는 상황이 있다면 그것은 어떤 상황인가?

3. 용서와 관련하여 당신은 다음 세대에 어떤 유산을 남기고 있는가?

Choosing Forgiveness

08
복으로 갚으라

우리 마음은 복음의 목표를 놓쳐서는 안 된다.
복음의 목표는 먼저 하나님과 화해하고
그리스도 안에서 서로 화해하는 것이다.

크리스 브룩스(Chris Brooks) 목사

후치다 미츠오(Mitsuo Fuchida)는 진주만 공격을 감행한 일본 공군의 수석 조종사로, 특별히 선발된 용감하고 전문적인 비행사였다. 그는 자기 편대에 속한 360대의 전투기에 "토라! 토라! 토라!"라고 외치며 실제적인 급습 명령을 내렸다.

그는 2,300명의 미군 해군을 사살했던 일을 "내 경력에서 가장 전율이 넘쳤던 일"이라고 말했다.

하지만 사람들은 폭탄 투하를 감행한 이 무모한 사람이 진주만 공습이 있은 지 8년도 안 된 1949년에 그리스도를 믿게 되었다는 사실은 잘 모른다.

하나님은 두 가지 놀라운 사건을 통해 이 '예상치 못한' 회심을 이끄셨다.

첫 번째 사건은 전쟁 직후 후치다가 그의 친구, 즉 미국에 체포되어 포로로 구금된 친구와 이야기를 나누던 중에 발생했다. 미국인들이 포로들을 어떻게 대했는지 궁금했던 그는, 그의 친구에게서 일본인들을 지속해서 돌보고 섬겨 온 열여덟 살 자원봉사자의 이야기를 들었다. 포로들이 그녀에게 왜 이렇게 도움을 주느냐고 묻자, 그녀는 예상치 못한 비논리적인 대답을 했다. "일본군이 제 부모님을 죽였기 때문입니다."

이 젊은 여성의 어머니와 아버지는 제2차 세계대전이 터지기 직전, 국제적인 적대감이 고조되던 시기에 일본에서 선교사로 일하고 있었다. 간첩으로 지목된 그들은 필리핀으로 피신했지만, 일본군에게 체포되어 참수형을 당했다. 이미 미국으로 대피한 그들의 딸은 이 사실을 3년이 지난 후에야 알게 되었다. 그녀는 이 소식을 듣고 당연히 비통한 슬픔과 분노로 반응했다. 하지만 그녀는 부모님을 잘 알았기에 부모님이 그 살인자들을 용서했으리라는 결론에 도달했다. 그리고 그녀도 그들을 용서해야 했다. 단순히 용서하는 것이 아니라 축복으로 되돌려줘야 했다. 그래서 그녀는 수용소에서 그녀의 원수들을 사랑하며 그곳에 있게 되었다고 말했다.

그녀의 이러한 생각은 후치다를 놀라게 했다. 어떻게 자기 부모를 살해한 자들에게 이런 식으로 대응할 수 있을까?

그로부터 몇 년이 지난 어느 날, 후치다는 기차역에서 기차를 기다리다가 작은 전단 한 장을 건네받았다. 평소 같으면 전단을 그냥 버렸겠지만, 그와 같은 비행사가 쓴 글이어서 관심이 갔다. 그 글은 제이콥 드쉐이저(Jacob DeShazer) 중사가 쓴 '나는 일본군의 포로였다'라는 제목의 글이었다. 그 미국인 조종사는 일본의 진주만 공습에 대한 보복으로 미국이 도쿄를 폭격한 둘리틀 공습(Doolittle Raiders) 중에 그의 비행기에서 낙하산을 타고 뛰어내렸다.

드쉐이저는 곧 일본군에게 체포되었다. 그는 이후 3년 동안 고문과 굶주림에 시달려야 했다. 한 평도 채 안 되는 독방에 갇히기도 했고, 많은 동료 수감자들이 처형되는 것을 목도해야 했다. 그는 끝없는 고통을 당했다. 그러는 동안 그의 증오심은 더욱 불타올랐다.

감방에 갇힌 지 2년이 되었을 때, 그는 몇 권의 책을 건네받았는데 그중에는 성경도 있었다. 어둠 속에서 하나님의 말씀은 빛처럼 그의 마음을 꿰뚫었다. 특히 그의 현재 상황에 대해 매우 구체적으로 말씀하시는 구절이 마음에 와닿았다. "너희 원수를 사랑하며."

하나님의 은혜로 변화된 드쉐이저는 자신을 모욕하며 잔인하게 대하던 체포자들에게 정중하게 말하기 시작했다. 그는 이렇게 기록했다. "나는 하나님께 나를 고문하는 자들을 용서해 달라고 기도했다. 나는 그리스도의 도움으로 이들에게 구원의 메시지를 알리기 위해 최선을 다하기로 했다."

후치다는 드쉐이저의 이야기를 읽고 놀라움을 금치 못했다. 그는 "너희 원수를 사랑하며."라는 이 이상한 명령이 실제로 어디에 있는지 확인하기 위해 서둘러 성경을 찾아보았다.

이 이야기는 후치다가 그리스도를 영접한 후 드쉐이저와 함께 일본과 아시아 전역의 많은 이들에게 말씀을 전하는 것으로 끝난다. 두 사람이 우정을 쌓고 많은 사람을 구원으로 인도한 것이다.[1]

이 모든 결과는 용서에서 멈추지 않고 '그 이상'을 실천한 두 사람, 즉 피해를 입고도 사랑으로 보답한 두 사람으로 인한 것이었다.

용서의 마무리

가해자를 진정으로 용서했다고 믿지만(즉, 삭제 키를 눌렀지만), 여전히 감정적으로는 감옥에 갇혀 있다고 느끼는 사람들과 이야기를 나눈 적이 있다. 그들은 그 사람을 떠올리면 여전히 매듭에 묶여 있다고 느낀다. 그들은 아직 평화나 자유로움을 누리지 못하고 있다. 무언가가 여전히 그들을 붙잡고 있다.

하나님의 말씀은 용서를 마무리할 중요한 열쇠를 준다. 용서는 단순히 가해자를 놓아주는 것에 그치지 않고 '그 이상'으로 나아가 하나님의 은혜를 확장하면서, 저주에는 복을, 악에는 선을 돌려줌으로 사랑의 다리를 놓을 것을 요구한다.

"하지만 나는 그를 용서했어요! 원한을 품고 있지 않아요." 나는 당신이 가해자를 분노와 복수의 손아귀에서 놓아주는 용기 있는 행동을 한 것에 박수를 보낸다.

하지만 그 이상이 있다. 하나님은 당신이 미소에서부터 악수까지, 그리고 당신의 발바닥까지도 그분의 빛과 사랑을 발산하는 그러한 자유함 속에서 살기를 원하신다.

진정한 용서는 단순히 "나는 그를 용서했습니다."라고 말하는 것 이상의 의미를 지닌다. 17세기 청교도 목사 토마스 왓슨(Thomas

Watson)은 용서를 이렇게 묘사했다.

우리가 다른 사람들을 용서하는 때는 언제인가? 복수에 대한 모든 생각에 대항하여 노력할 때, 즉 우리의 원수에게 악을 행하지 않고, 그들이 잘되기를 바라며, 그들의 재앙을 슬퍼하고, 그들을 위해 기도하며, 그들과 화해를 구하고, 모든 경우에 그들을 도와줄 준비가 되어 있음을 보여 줄 때다. 이것이 바로 복음적인 용서다.[2]

대단한 기준이다! 우리는 하나님이 우리를 용서하신 것처럼 다른 사람을 용서하도록 부름 받았다. 하나님은 어떤 식으로 우리를 용서하셨는가? 하나님은 우리에게 "너는 죄 사함을 받았다."라고만 말씀하지 않으셨다. 그분은 우리가 그분의 원수였을 때 우리를 위해 그분 아들의 생명을 주셨다. 우리가 그분과 아무런 관계도 원하지 않을 때 그분은 우리를 찾아오셨다. 우리를 그분의 가족으로 입양하셨고, 우리를 그리스도와 함께 상속자가 되게 하셨다. 그분은 결코 우리를 떠나거나 버리지 않겠다고 약속하셨다. 그분은 우리를 위로하시고 우리의 필요를 채워 주신다. "날마다 우리 짐을 지시는 주"(시 68:19)이시다. 이러한 과분한 은혜는 우리가 어떻게 용서해야 하는지 본보기가 된다.

누군가를 용서한다는 것은 블라인드를 걷어 내고 창문을 열어 하나님의 은혜의 신선한 바람이 치유의 역사를 시작하게 하는 것이다. 그러나 우리가 우리의 가해자를 축복하기 위해, 즉 원수를 사랑하기 위해 한 걸음을 내디딜 때, 우리는 용서의 온전한 능력 안으로 들어갈 수 있다.

나는 이 강력한 원칙을 설명하기 위해 그레이샤 번햄의 이야기를 다시 꺼내려고 한다. 이 책 앞부분에서 나는 그레이샤 번햄과 그녀의 남편 마틴이 필리핀 오지에서 인질로 잡혀 오랫동안 끔찍한 학대를 당한 이야기를 전했다. 그러면서 그들이 그 시련을 어떻게 견뎌냈는지 소개했다.

그레이샤는 자신의 저서 『다시 날아오르기』(To Fly Again)에서 포획자 중 한 명인 어떤 청년의 이야기를 들려준다. 그 청년은 행군을 떠날 때면 항상 M57 로켓 발사기를 들고 다녔다. 그래서 그레이샤와 마틴은 그를 '57'이라고 불렀다. 그는 항상 시무룩했고, 항상 짜증을 냈으며, 항상 다투었다. 언제든 누군가의 머리를 물어뜯을 준비가 된 사람 같았다. 그레이샤와 남편은 그가 다음에 무슨 일을 벌일지, 어떻게 해야 그를 화나게 하지 않을 수 있을지 전혀 알지 못했다.

그러던 어느 날, 마틴은 '57'이 심각한 두통에 시달리고 있는 것을 알게 되었다. 아마 너무 예민해서 그런 것 같았다. 마틴은 그에게 작은 상비약을 주었다. 천연 식물에서 진통제가 될 만한 것을 주기도 했다.

그레이샤는 그때를 이렇게 회상했다. "마틴에 대한 그의 태도가 순식간에 바뀌었습니다. 그때부터 남편은 그의 친구가 되었지요."[3]

마틴은 정말 단순한 행동을 했을 뿐이다. 단지 아스피린을 주었을 뿐이다. 어쩌면 그것은 관찰의 문제였을지도 모른다. 하지만 그렇게 행동하기까지 마틴은 성질 고약한 그 청년의 두통에 신경 쓰지 않아도 될 수백 가지 이유를 넘어서야 했다. 심지어 모든 포획자가 심각한 두통을 앓게 되길 은밀히 바라는 마음을 극복해야 했다!

한편 그레이샤의 입장에서 보면, 그녀는 남편과 함께 잔인한 포로 생활을 치렀고, 그 결과 남편의 죽음을 목도했으며, 인생에서 누려야 할 모든 것을 빼앗긴 상태였다. 그러나 그녀의 말은 놀랍기만 하다. "마틴이 그 청년을 위해 해 준 일 때문에 지금까지도 나는 그 청년을 향한 마틴의 따뜻한 마음을 기억합니다."[4]

반격과 복수를 해야 한다는 생각에서 해방되어 내일을 맞이하는 삶! 이것이 바로 용서를 마무리한 상태다.

당신이 직면한 가장 끔찍한 상황, 즉 '용서할 수 없는' 어떤 상황을 생각하더라도 하나님과 함께 그 상황을 극복하며 온전하고 완전한 승리를 얻지 못할 이유는 세상에 없다.

하지만 그런 승리를 얻으려면 하나님이 용서에 대해 하신 모든 말씀을 문자 그대로 진지하게 받아들여야 한다. 여기에는 상상할 수 없는 일, 즉 가해자를 축복하는 것도 포함된다.

지난 장에서 이야기했듯이, 하나님은 종종 우리가 비슷한 시련을 겪고 있는 사람들에게 자비와 동정심을 가질 수 있도록 우리의 고통스러운 기억, 과거의 상처로 인한 여운과 영향을 남겨 두시기도 한다. 이것은 사실 사람들이 기대하는 것보다 훨씬 더 사랑이 많으신 하나님이 우리에게 주신 큰 특권이다. 하나님은 우리가 당한 여러 끔찍한 상황을 그분의 자비와 은혜의 기념물로 만드신다. 이는 항상 주님의 은혜를 기억하게 하시는 지혜와 섭리다.

하지만 그렇다고 해서 나는 해결되지 않은 모든 감정에 대해 당신 홀로 책임과 부담을 지고 남은 인생을 살아야 한다고는 생각하지 않는다. 다만 우리 중 많은 사람이 여전히 그 자리에 있는 이유, 우리가 이 부분에서 더 완전한 치유로 나아가지 못하는 이유는 우리에게 잘못을 저지른 사람들을 실제로 축복하는 자리까지 가지 않았기 때문임을 말하고 싶은 것이다.

우리는 더 나아가야 한다. 하나님이 시작하신 일을 마무리해야 한다. 우리의 유익을 위해, 그들의 유익을 위해, 그리고 하나님의 영광을 위해 그렇게 해야 한다.

잘못된 것을 다시 쓰기

로마서 12장은 우리에게 가해한 자를 축복하는 이 원칙이 선택 사항이 아니며, 성숙한 그리스도인이 되기 위해 밟는 상급 과정 또한 아니라고 언급한다. 이 구절은 당신과 나를 위한 것이다. 그리고 용서를 마무리하기 위해 하나님의 도우심이 필요한 모든 사람을 위한 것이다. 그 과정을 따르라.

첫째, "아무에게도 악을 악으로 갚지 말고"(17절).

매우 직접적이고 확실한 말씀이다. 다른 사람에게서 받은 악을 악으로 갚지 말라고 하나님은 분명히 말씀하신다. 그 일은 그분의 일이다.

내 사랑하는 자들아 너희가 친히 원수를 갚지 말고 하나님의 진노하심에 맡기라 기록되었으되 원수 갚는 것이 내게 있으니 내가 갚으리라고 주께서 말씀하시니라(19절).

"알았어요. 그 부분은 이해해요. 우리는 악을 악으로 갚아서는 안 되지요. 복수는 하나님이 하실 일이지 내가 할 일이 아닙니다."
하지만 우리가 해야 할 일이 더 있다.

네 원수가 주리거든 먹이고 목마르거든 마시게 하라… 선으로 악을 이기라(20-21절).

이 진리에 담긴 놀라운 힘을 놓치지 말라. 우리는 다른 사람들이 우리에게 가하는 악의 희생자가 될 필요가 없을 뿐만 아니라 실제로 선으로 악을 극복할 수 있다!

당신에게 고통과 상실을 안겨 주고, 당신이 흘려보내고 용서하는 데 가장 힘든 시간을 보내게 한 가해자를 잠시 떠올려 보라. 그리고 그를 떠올리면서 여전히 당신의 내면을 흔들 수 있는 아픈 감정에서 충분히 멀리 물러나기를 바란다. 그런 다음 그 사람을 도움이 필요한 사람으로 보기를 바란다.

그 이유는 실제로 그는 도움이 필요한 사람이기 때문이다.

배우자, 남자 친구, 부모, 전 배우자, 대학 룸메이트, 이모, 삼촌, 갑자기 나타나 당신의 인생을 망친 낯선 사람 등 당신에게 상처를 준 사람은 그가 결핍이 있다는 것을 드러낸다. 그 결핍은 그가 당신을 희생하게 해서라도 충족해야만 했던 결핍이다.

용서의 자유를 온전히 경험하고 싶은가? 하나님께 당신을 가해한 사람에게 무엇이 참으로 필요한지 알게 해 달라고 기도하라.

그런 다음 그의 결핍을 채우기 위해 당신을 어떻게 사용하기를 원하시는지 물으라.

정확하게 이러한 일이 앞서 살펴본 요셉의 삶에서 일어났다. 그는 형들과 보디발의 아내에게 억울한 일을 당했고, 그의 석방을 도와주겠다고 약속했지만 그를 까맣게 잊어버린 동료 죄수에게도 섭섭한 일을 당했다. 하지만 요셉은 시련을 딛고 우뚝 섰다. 그리고 용서가 마음의 문제가 되었을 때, 자신을 곤경에 빠뜨린 형들을 축복했다.

나는 성경에서 요셉의 태도를 볼 때마다 항상 놀란다. 그는 그토록 깊은 상처를 준 그의 형제들을 어떻게 대했는가? 그는 악을 악으로 갚지 않았다. 그는 그 보복 게임에 참여하지 않았다. 그는 단순히 보복을 포기하고 자비를 보이는 것에서 만족하지 않았다. 사실, 그것만으로도 충분하지만 그는 '그 이상'으로 나아갔다. 그는 형제들에게 그들의 필요를 공급했다. 적극적으로, 그리고 의도적으로 형제들에게 은혜를 베풀었다.

> 당신들은 두려워하지 마소서 내가 당신들과 당신들의 자녀를 기르리이다 하고 그들을 간곡한 말로 위로하였더라(창 50:21).

이것은 초자연적인 일이다! 이것이 바로 그리스도의 구속과 회복의 마음이다. 그리스도께서는 하나님의 진노를 받아 마땅한 우리에게 그분의 은혜를 아낌없이 베풀어 주셨다.

구속과 회복의 마음은 심각한 죄를 지어 회복이 필요한 어떤 고린도 교인에 대해, 바울이 고린도 성도들에게 가르친 마음이기도 하다. 그를 "용서"하고, "위로"하고, "사랑"을 그에게 나타내라는 것이다(고후 2:7-8).

당신에게는 너무 어려운 일로 들리는가? 당연히 그럴 것이다. 분명 너무 어려운 일이다. 그렇기에 우리는 하나님의 말씀에 순종할 수 있도록 성령님의 도우심이 절실히 필요한 것이다. 하나님의 은혜와 구원의 도움 없이 살아가려고 노력하는 사람들은 이 구절이 요구하는 것을 행하기 위한 기도를 하지 않는다.

하지만 당신은 기도한다. 그렇지 않았다면 예수님은 다음과 같이 말씀하실 근거가 전혀 없으셨을 것이다.

> 너희 원수를 사랑하며 너희를 미워하는 자를 선대하며 너희를 저주하는 자를 위하여 축복하며 너희를 모욕하는 자를 위하여 기도하라(눅 6:27-28).

분명히 말하지만, 이것은 당신이 할 수 있는 일이 아니다. 그러나 하나님이 당신을 통해 하실 수 있는 일이다. 더 빨리 치유 받고 싶은가? 그렇다면 그들을 완전히 용서하라. 그들을 놓아주라. 삭제 키를 누르는 단계에 이르면 당신에게 죄지은 그 가해자의 삶에 어떤 도움을 줄 수 있는지 알려 달라고 하나님께 기도하라.

그 일은 거창할 필요가 없다. 단순히 혐오스러운 말에 친절한 말로 대응하는 것일 수도 있다. 아니면 특별한 음식을 대접하는 것일 수도 있다. 또는 상대방이 싫어하는 집안일을 대신해 주겠다는 제안일 수도 있다. 좋아하는 레스토랑 상품권이나 양말 서랍에 넣어 둔 사랑의 메모일 수도 있다.

거기서 시작하라. 그 사람에게 어떤 변화가 생기는지 확인이 되지 않더라도 당신 자신에게 어떤 일이 일어나는지 살펴보라. 그리고 하나님이 당신을 그다음에는 어디로 인도하시는지 보라. 당신은 결국 당신을 나쁘게 대했던 사람을 축복하는 기쁨, 즉 하늘의 기쁨을 실제로 맛보게 될 것이다. 그렇게 함으로써 당신은 선으로 악을 이길 수 있다.

이것이 바로 주님의 역사에 기본 바탕이 되는 순종의 모습이다. 당신과 가해자를 변화시키는 데 이보다 더 현실적이고 효과적이며 더 강력한 방법은 없을 것이다.

나는 자기 남편에게 깊은 상처를 입은 한 친구의 삶에서 그런 일이 일어나는 것을 보았다. 그녀는 마음속에 원망을 품고 있을 수 없어서 남편을 용서했다. 힘들어도 보복하지 않으려고 악을 악으로 갚는 것을 거부했다.

그녀는 악을 선으로 갚기로 하고 매일 아침 일찍 일어나 남편이 출근하기 전에 아침을 차려 주고, 빨래를 해 주고, 그에게 복을 빌어 주었다. 그의 폭언에 부드러운 말로 대응하고, 자기가 잘못했을 때는 그의 용서를 구하는 등 최선을 다했다. 그러자 그녀의 영혼은 자유를 누렸고, 나아가 남편의 삶에도 결국 회개와 회복이 찾아왔다.[5]

과분한 친절로 드러난 그녀의 모든 행동은 그녀가 탐닉하고 싶었을지도 모를 앙심을 관에 가두어 버렸다. 그녀는 남편의 마음이 그리스도께 회복되기를 바라며 그의 마음에 은혜의 씨앗을 심어 줄 수 있었다.

이것이 바로 '그 이상'까지 나아간 용서의 열매다.

용서의 더 깊은 면

당신에게 잘못을 저지른 사람들과의 관계에 있어서, 그 성격과 상황에 따라 그들과 다시 대면하거나 연락을 재개하는 것이 적절하지 않을 수도 있다. 앞서 언급한 바와 같이, 이러한 결정은 당신의 담임목사나 성경적으로 안전하게 대처하도록 도와줄 수 있는 성숙하고 경건한 친구와 상의하길 바란다.

하지만 상대가 누구든, 그가 무슨 짓을 했든, 적어도 당신이 할 수 있는 한 가지는 그를 위해 기도하는 것이다.

정말 그를 위해 기도해 보라.

당신은 한숨을 쉬며 이렇게 말할지 모르겠다. "저 사람에게 하나님의 축복을 빌어 줄 수는 없을 것 같아요. 사실 나는 하나님이 그 사람을 축복해 주시는 것을 바라지 않아요!" 그러나 내가 확실하게 말할 수 있는 것은, 하나님의 말씀에 단순히 순종하는 마음으로 기도를 시작하면 당신도 내가 발견한 것과 동일한 진리를 발견하게 되리라는 것이다. 당신이 기도하는 그 사람, 즉 하나님의 축복을 받고 하나님과의 관계가 회복되길 바라는 바로 그 사람을 오랫동안 미워할 수 없다는 사실을 당신도 알게 될 것이다.

우리에게 해를 입힌 자들에 대한 주된 목표는 무엇보다도 그들이 하나님과 화해하는 것이어야 한다. 그리고 가능하면 우리와 화해하는 것이어야 한다. 우리는 사랑과 축복의 다리를 놓음으로써 분열을 봉합하고, 이 궁극적인 목표가 이루어지도록 도움을 줄 수 있다. 그들을 축복하고 회복을 구하는 것을 거부하면서 어떻게 가해자들의 반응과 상관없이 분노를 억제할 수 있겠는가? 또한 우리 자신 역시 어떻게 하나님과의 평탄한 교제를 기대할 수 있겠는가?

갈보리 사랑의 능력

우리에게 죄지은 사람들을 용서하고 축복하기로 선택하면 우리만 자유로워지는 것이 아니다. 하나님의 위대한 경륜 안에서 우리는 그 축복을 받는 사람들의 삶에 그분의 구속 사역의 도구, 즉 그분의 자비와 은혜의 통로가 된다. 그들은 갈보리 사랑의 실체를 마주하면서 자신들이 심판받아 마땅하다는 사실을 깨닫는다.

설명할 수 없는 이러한 과분한 일은 마침내 그들에게 죄를 깨닫고 회개하게 하는 수단이 될 수 있다.

최근에 나는 한 동료에게 이메일을 받았다. 그는 내가 용서에 대한 책을 집필하고 있다는 것을 알고 있었다. 그는 자기 아내가 그의 불륜 사실을 알고 큰 충격을 받았지만, 도리어 축복으로 화답했다고 했다. 그리고 그 일이 그의 삶에 어떤 영향을 미쳤는지 전해 주었다.

그는 아내에게 부도덕한 자기 삶을 처음 고백했을 때 공포로 가득 찼던 아내의 표정을 어제 일처럼 생생하게 기억하고 있었다. 그는 이메일에 이렇게 썼다. "아내는 너무나 상처받았어요. 그녀가 이해할 수 없는 일이었지요. 나는 우리가 나누었던 끔찍한 대화를 결코 잊지 못할 것입니다."

그런데 그가 아직도 기억하는 일이 하나 더 있었다. 그것은 아내의 삶뿐만 아니라 그의 회복에 있어서도 상처보다 훨씬 더 강력한 것이었다. "거의 4년이 지난 지금도 내 마음에 떠오르는 일이 있습니다. 그것은 아내가 나의 불륜을 비난하지 않았다는 사실입니다. 그녀는 나에게 상처를 되갚아 주려 하지 않았습니다."

분명 그의 아내는 큰 충격을 받았고 매우 화가 났었다. 인간적으로 말하자면, 그녀는 그럴 권리가 충분히 있었다. 하지만 남편의 죄로 인해 사랑하는 친구들을 잃고, 직계 가족이 혼란에 빠지고, 남편의 수입을 대체하기 위해 일을 해야 하는 상황에서도 그녀는 단 한 번도 남편에게 악독하고 못된 행동을 하지 않았다. 원망의 말을 내뱉지도 않았다.

그는 말했다. "나는 정말 놀랐습니다. 계속 놀랐습니다. 나는 아내의 놀라운 사랑과 희생이 오늘날 우리가 여전히 함께 있고 내가 다시 주님을 섬기게 된 요인이라고 믿습니다."

용서하는 마음이 이 여인에게 쉽게 다가온 것은 아니었다. 남편의 죄가 드러난 지 몇 주 후, 그녀는 16시간 동안 혼자 여행했다. 집으로 돌아오는 길 내내 그녀는 주님께 부르짖으며 자신의 아픔을 쏟아내고, 남편과 자녀들을 위해 기도했다. 그리고 남편을 떠나야 할지 말지 결정하기 위해 기도했다.

그 여행은 그녀에게 전환점이 되었다. 집으로 돌아오는 길에, 하나님은 그녀에게 주님이 그녀의 죄를 용서하기 위해 어떤 일을 당하셨는지 생각나게 하셨다. 그녀는 그녀 역시 사랑과 은혜로 응답할 것인지, 아니면 하나님의 은혜를 거부하고 악독한 여인이 될 것인지 하나님이 그녀를 선택의 갈림길에 세우셨다는 것을 깨달았다.

그녀의 남편은 이렇게 이메일에 썼다. "감사하게도 그녀는 용서와 은혜를 선택했습니다. 그 선택 때문에 나는 오늘 이 자리에 있습니다. 하나님, 가족, 그리고 다른 사람들과 함께 화목하게 되었습니다. 그것은 쉽지 않은 길이었습니다. 그 길은 힘든 대화와 막중한 책임감, 그리고 배려심 많은 경건한 사람들의 조언이 필요했습니다. 하지만 이 모든 일은 아내가 용서를 택했기 때문에 가능했습니다. 나는 그녀의 용서로 인해 하나님의 놀라운 은혜와 사랑을 다시 한번 깨달았습니다. 나는 영원히 감사할 것입니다."

나는 당신이 당신의 가해자를 축복한다고 해서 이러한 '동화 같은 결말'을 맞이할 것이라고 약속할 수는 없다. 하지만 한 가지 약속할 수 있는 것은, 만약 당신이 축복으로 갚겠다고 선택하지 않으면, 당신이 마음속으로 간절히 바라는 화해는 결코 보장될 수 없다는 사실이다.

나는 하나님의 자녀들이 그들에게 죄지은 자들을 기꺼이 용서할 뿐만 아니라 악을 선으로 갚을 때 하나님이 놀라운 일을 행하시는 것을 봐 왔다. 나는 종종 여성들에게 이렇게 조언한다. "당신이 믿든 말든, 만일 당신이 모든 일을 하나님께 맡기고 그분을 따른다면, 하나님은 실제로 당신이 오랫동안 미워했던 그 사람을 향해 깊은 사랑과 연민을 갖도록 당신의 마음을 채우실 수 있습니다!" 나는 하나님이 정말 그렇게 행하시는 것을 봐 왔다.

그렇다. 이런 일은 하나님의 은혜의 기적이다. 그분이 당신을 용서하신 것처럼 당신도 다른 사람을 용서하는 마음을 점점 더 많이 가질 때 하나님의 은혜의 기적을 한 번이 아니라 계속해서 경험하게 될 것이다.

적·용·하·기

1. 누가복음 6장 27-28절과 로마서 12장 20-21절을 적용할 때, 당신이 어디서부터 시작해야 하는지 하나님께 여쭤보라. 당신이 축복해야 할 '원수'는 누구인가? 그의 필요를 채우고, 그의 삶에 도움을 주고, 그에게 하나님의 은혜를 전할 적절한 방법은 무엇인가?

맺는 글
용서의 힘

예수님이 로마 십자가에 못 박히신 후
"아버지, 저들을 용서하소서."라고 기도하셨을 때
그분은 로마 황제가 대항할 수 없는 무기를 사용하신 것이다.
누가 용서의 힘에 맞설 수 있겠는가?

엘리자베스 엘리엇(Elisabeth Elliot)

　용서는 결코 쉬운 일이 아니다. 나도 잘 알고 있다. 나는 이 책의 마무리 작업을 하는 동안에도 말할 수 없는 일련의 '억울한 일들'을 경험했다. 대부분은 비교적 사소한 일이었지만 그냥 삼키기에는 참 어려운 일들이었다.

　이러한 아픈 사건 중 몇 가지는 특히 나의 연약한 부분을 건드렸다. 과거에 이미 끝난 일이라고 생각했던 어려운 문제였는데, 아직 아물지 않은 딱지를 떼는 것처럼 다시금 고통스럽게 떠오르는 것이었다.

　지난 몇 달 동안 나는 용서라는 주제에 몰두해 왔음에도 불구하고, 어쩌면 그랬기 때문에, 더욱더 나 자신과 강렬하게 싸워 왔다. 내 감정과 육체는 필사적으로 상처를 껴안고, 상처를 양성하며, 상처 입힌 사람들을 '처벌'하고 싶어 하지만, 내 안의 성령님은 "내려놓아라.

용서해라. 관용해라. 삭제 키를 눌러라."라고 부드럽게 말씀하시는 것을 깨달았기 때문이다.

　이런 문제들과 씨름하는 동안 내 마음은 이 책에 적힌 단어들에 사로잡히며 괴로움을 겪었다. 그리고 이 새로운 시험에서 나는 상처를 붙잡고 있거나 빚 독촉자가 될 권리를 포기하는 힘든 선택을 해야 했다. 나는 하나님의 주권에 굴복하고, 각 상처를 내게 필요한 거룩한 선물로 받아들이며 용서의 길을 선택하기 위해 그분의 은혜를 받아야 했다. 그렇지 않으면 스스로 마음의 감옥에 갇히는 것이며, 하나님께 심각한 범죄를 저지르는 것이기 때문이다. 하나님이 나를 얼마나 많이 용서해 주셨는지 안다면 그것은 더욱 큰 끔찍한 죄가 될 것이다!

　당신도 이 책을 읽으면서 여러 가지 어려운 문제와 감정을 떠올렸을 것이다. 용서란 참으로 값비싼 노력이라는 사실을 다시 한번 기억할 수 있었을 것이다.

　예수님도 분명히 그러셨다. 우리에게도 마찬가지다.

　그러나 나는 그 어느 때보다도 내 마음속에서 주님의 은혜가 넘쳤던 것처럼 당신의 마음속에도 예수 그리스도와의 관계를 통해 은혜가 넘치기를 기도한다. 그 은혜는 꽉 차게 눌려 있다가 솟아오르는 차고 넘치는 은혜로서 모든 면에서 충분하고 완전하다. 그 은혜는 악독의 감옥에서 우리를 걸어 나오게 하며, 독에 물든 우리의 무기와 저항을 내려놓게 한다. 그리고 우리가 용서받은 것처럼 다른 사람들을 용서할 마음을 갖게 한다.

용서하지 못한 마음은 상대방을 밀어내고 오랫동안 거리를 두게 할 만큼 강력하게 우리를 사로잡는다. 우리는 그 당기고 미는 힘이 얼마나 강한지 잘 알고 있다. 하지만 용서하지 않는 마음에 쏟는 에너지는 우리가 그 마음에 투자한 만큼의 성과를 전혀 내지 못하고 에너지만 낭비할 뿐이다.

　용서의 힘만이 우리를 진정으로 하나님의 뜻에 따르게 하고, 폭풍 속에서도 평화를 누리게 하며, 우리 삶에 대한 하나님의 영원한 계획과 목적을 따라 영원한 보람이 있는 곳으로 나아갈 수 있게 한다.

　우리는 앞서 진주만 조종사의 이야기와 의료 실수로 한 여성의 삶을 일찍 마감하게 한 의사의 이야기를 보았다. 그리고 이 같은 '가해자들'의 삶에 치유를 가져다주는 용서의 힘을 보았다.

　또 마지막 장에서 그레이샤 번햄의 이야기와 남편의 잘못된 선택으로 결혼 생활이 파탄에 이를 뻔한 한 여인의 이야기를 보았다. 그리고 이 같은 '상처받은 사람들'의 삶에 치유를 가져다주는 용서의 힘을 보았다.

　용서는 과거든 현재든 모든 상황과 관계에 치유를 가져올 수 있다. 용서는 전능하신 하나님의 강력한 도구다.

　사실, 용서는 미래의 상황과 사람들과의 관계에 지속해서 영향을 미칠 수 있다. 당신이 용서의 길을 선택할 때, 하나님은 당신의 순종을 통해 죄의 영향과 불필요한 고통이 당신의 자녀와 아직 오지 않은 세대에 대물림되는 것을 방지하실 수 있다.

　최근 한 친구가 이메일을 보내면서 자신의 성장기에 대한 기억을 고백했다. 그의 어머니는 늘 분노로 가득한 끔찍한 성격의 모친 밑에서 자랐다. 내 친구의 어머니는 몇 년 전부터 기독교인이자 경건한 여성이 되었지만, 그녀도 모친의 삶의 전철을 밟아 왔기 때문에 가족에게 자주 분노하며 혈기를 부렸다.

내 친구의 여동생 보니(Bonnie)는 어린 시절 내내 엄마의 가혹한 분노를 가장 심하게 겪어야 했다. 보니는 엄마를 증오하며 자랐다.

결혼 후 첫 아이를 낳은 보니는 어느 날 한 살도 안 된 어린 아들이 어떤 '잘못'을 저질렀을 때 충격을 받고 분노에 사로잡혀 소리를 지르는 자신을 발견했다. 겁에 질린 그녀는 할머니와 어머니의 분노가 이제 자신의 것이 된 사실을 깨달았다. 자신이 싫어하는 말, 자식에게는 절대로 하지 않겠다고 다짐했던 그 말이 이제 자기 입에서 똑같이 쉽게 그리고 큰 소리로 나오는 것을 보고 질겁했다. 그녀는 무릎을 꿇고 하나님께 자신을 구해 달라고 간청했다.

몇 달 후, 그녀는 어떤 콘퍼런스에 참석하여 한 연사가 용서의 중요성에 대해 이야기하는 것을 들었다. 그 연사는 청중들에게 과거의 잘못을 '레코드'(테이프, CD, 디지털 다운로드 이전에 사용되던 레코드를 기억하는가?)처럼 취급하라고 도전했다. 그 레코드를 마음속에서 반복해서 재생하지 말고 "그 잘못된 것들을 담고 있는 레코드를 가져와서 당신의 무릎에 놓고 부숴 버리십시오."라고 촉구했다. "그래야만 여러분은 자유로워지고, 여러분에게 잘못을 저지른 사람들을 사랑할 수 있게 될 것입니다."라고 그 연사는 말했다.

보니는 그 말씀을 마음에 새기고 순종과 믿음의 행동으로 '레코드를 부숴 버렸다.' 그녀의 마음속에서 수없이 되풀이되던 엄마의 분노하는 모습과 행동, 어렸을 때 엄마가 자신에게 했던 상처 주는 말과 굴욕적인 말을 기록한 그 레코드를 부숴 버렸다. 그녀는 하나님의 은혜로 그녀의 엄마를 완전히 용서했다.

하나님은 보니와 그녀의 어머니 사이의 균열을 치유해 주셨다. 그뿐 아니라 기적적으로 보니의 마음속에 있던 분노의 속박을 끊고, 3세대 이상 괴롭혀 온 죄의 패턴을 깨뜨려 주셨다. 그리고 그녀에게 자유를 주셨다.

내 친구는 그의 여동생에 대해 이렇게 말했다. "보니는 내가 본 사람 중 가장 사랑스럽고 현명하고 경건한 어머니야. 그녀는 어머니가 자기에게 했던 것처럼 자기 자녀에게 분노를 터뜨리지 않았지. 어머니의 잘못을 그녀가 완전히 용서하는 자리에 이르렀을 때 하나님은 이 모든 문제를 완전히 영구적으로 끝내셨어. 보니는 수년 동안 수많은 여성을 상담하면서 용서가 자기 삶에서 회복과 변화의 열쇠를 주었다고 말해 왔고, 오늘 우리에게도 그렇게 말할 거야."

이것이 용서의 힘이다.

그러나 우리는 용서가 개인의 자유를 찾는 방법이나 마음속의 고통을 덜어 주는 방법 그 이상이라는 사실을 잊지 말아야 한다. 심지어 용서는 우리에게 잘못을 저지른 사람들에게 화해의 희망을 내미는 것보다 더 많은 것을 담고 있다.

어떤 의미에서 이러한 모든 혜택은 더 높은 결과를 위해 주어지는 부차적인 것들이다. 용서의 궁극적인 목표는 우리 삶의 궁극적인 목표와 마찬가지로 하나님께 영광과 존귀를 돌리는 것이다.

신자의 삶에서 용서는 하나님의 구원하시는 놀라운 마음을 보여 준다. 그분의 풍성한 자비와 놀라운 은혜를 모든 사람이 볼 수 있도록 드러내는 것이 용서다.

노트북 앞에 앉아 이 책에 쓰인 용서에 관한 모든 내용을 생각하니, 사무엘 데이비스(Samuel Davies, 1723-1761)의 위대한 찬송가 후렴구가 계속 머릿속에 맴돈다.

이처럼 용서하시는 하나님은 누구십니까?
이토록 풍성하고 자유로운 은혜를 주신 분은 누구십니까?[1]

이것이 바로 용서의 핵심이다. 용서는 우리에 관한 것이 아니라 하나님에 관한 것이다. 당신이 용서를 실천할 기회를 얻는 것은, 자비를 베풀고 죄인을 용서하길 기뻐하시며 이를 가능하게 하고자 독생자를 내어주신 하나님께 주목할 기회를 얻는 것이다. 주변 사람들이 당신의 용서의 모습을 보고, 당신의 이야기를 듣고, 당신의 반응을 지켜볼 때, 그들은 이전에는 알지 못했던 새로운 방식으로 그리스도를 보게 될 것이다. 그리고 그들은 그 위대한 '용서하시는 하나님'을 사랑하고, 경배하고, 신뢰하게 될 것이다.

용서는 단지 순종 자체를 위한 행위가 아니다. 그렇다. 우리는 용서하라는 명령을 받았다. 많은 용서를 받은 우리는 분명히 빚 독촉자가 될 권리가 없다. 하지만 용서는 의무를 넘어 영원한 어떤 것에 속할 기회, 즉 우리의 모든 것을 용서해 주신 그분께 감사를 표할 수 있는 높은 소명이다(당신은 주님이 당신의 '모든 것'을 용서하셨다는 사실이 어떤 의미인지 잘 알고 있다).

용서를 하나님을 위한 제물, 희생, 사랑의 선물이라고 생각하라. 우리의 용서가 우리 자신이나 다른 사람에게 도움이 됨으로써 하나님이 복을 더하시는 것이라면 더할 나위 없이 좋을 것이다. 그러나 그분이 기뻐하시고 칭찬하신다는 것을 아는 것만으로도 우리가 용서해야 하는 충분한 이유와 보상이 된다.

영원한 찬양

더 나은 것을 모르는 사람들에게 용서는 포기하는 것이고, 악이 승리하도록 내버려두는 것이며, '나쁜 놈들'이 이기도록 방치하는 나약함처럼 보일 수 있다. 사실, 언뜻 보면 갈보리 사건 자체가 어둠의 왕자가 평화의 왕을 이기고 그분을 무력하게 만드는 일종의 패배처럼 보인다.

그러나 영원이라는 무한한 관점에서 볼 때 십자가는 실제로 사탄의 궁극적인 패배를 의미하며 하나님의 가장 위대한 승리임을 증명한 것이다! 그리스도는 "욕된 것으로 심고 영광스러운 것으로 다시 살아나며 약한 것으로 심고 강한 것으로 다시 살아"나셨다(고전 15:43).

하나님의 어린양은 희생의 제단 위에 자기 생명을 내놓으셨다. 마지막 피 한 방울이 쏟아질 때 그분은 아버지께 그가 맡은 죄인들을 용서해 달라고 호소하셨다. 그리고 마지막 숨을 내쉬셨다.

그때 온 하늘에서 힘찬 찬송이 터져 나왔다. "죄 사함 받았네! 용서 받았네! 다 갚으셨네! 자비를 베푸셨도다! 정의가 입증되었도다! 구원이 이루어졌도다!"

사흘 후, 창세부터 죄인을 위해 죽임을 당하신 어린양, 즉 유다 지파의 사자는 죽은 자들 가운데서 일어나셨다. 그리고 그분은 영원토록 왕 노릇 하실 것이다.

어느 날 우리는 그분의 보좌 앞에 서게 될 것이다. 거룩한 성도가 된 죄인들, 하나님과 화목하게 된 원수들이 그리스도의 의의 세마포를 입은 채 밤낮으로 그분을 경배하고 섬길 것이다.

이것이 바로 용서의 놀랍고 영원한 힘이다.

적·용·하·기

1. 당신도 부숴야 할 '레코드'가 있는가? 하나님의 은혜로 그것을 오늘 처리하라.

2. 하나님의 놀라운 용서와 은혜를 찬양하라.

감사의 글

책 표지에 내 이름만 실리는 것은 옳지 않다고 생각한다. 이 책의 출판 과정에 참여해 주신 다음 분들께 진심으로 감사드린다.

- 로렌스 킴브로(Lawrence Kimbrough)는 내가 작성한 메모, 강연 녹취록, 문서 파일, 이메일, 그리고 몇 차례의 전화 통화 등을 능숙하게 조합하여 내 마음에 꼭 맞는 초고를 완성하는 데 큰 도움을 주었다. 더욱이 그는 이 책 여러 부분에서 추가적인 도움을 주었다. 이 책 곳곳에 로렌스의 수고의 흔적이 분명하게 드러난다. 그의 노력과 의견이 없었다면 좋은 책이 될 수 없었을 것이다.
- 하나님의 진리의 능력으로 삶이 변화되는 것을 보고자 하는 나의 열정, 나의 생각을 공유해 준 무디출판사(Moody Publishers) 친구들에게 감사드린다.

- 신학적인 검토를 해 주신 브루스 웨어(Bruce Ware) 박사님께 감사 드린다. 그와 그의 아내 조디(Jodi)는 수년 동안 내게 다정한 격려자가 되어 주었다.
- 나의 모든 출판 활동을 지혜와 기도하는 마음으로 지원해 준 저작 대리인 에릭 월게머스(Erik Wolgemuth)에게 감사드린다.
- 다양한 단계에서 원고를 읽고 의견을 제시해 준 친구들, 특히 연구 지원을 제공한 던 윌슨(Dawn Wilson)에게 감사드린다.
- 격려와 기도, 지칠 줄 모르는 수고로 내가 연구와 집필에 집중할 수 있게 해 준 '리바이브 아워 하츠'(Revive Our Hearts) 직원들(현재 및 과거)에게 감사드린다.
- 이번 개정판을 위해 도움이 되는 제안을 해 준 대나 그레쉬(Dannah Gresh), 돈 윌슨(Dawn Wilson), 로라 엘리엇(Laura Elliot)에게 감사드린다.
- 분만실에서 나와 함께 성실하게 수고해 준 '기도의 친구들'에게 감사드린다.
- 쉬지 않고 나를 응원해 주고, 기도해 주며, 변함없이 나를 용서해 준 사람, 멋진 동사를 생각해 내는 것을 너무나 즐거워하는(그리고 가정에서 자주 대화를 나누는) 사랑하는 남편이자 친구인 로버트 월게머스(Robert Wolgemuth)에게 감사드린다.

주

명구: *Prayers of the Martyrs*, comp. and trans. Duane W. H. Arnold (Grand Rapids: Zondervan, 1991), 108-109.

시작하는 글 용서를 선택하라

명구: Charles Spurgeon, *The Complete Works of C. H. Spurgeon*, vol. 31: Sermons 1816-1876 (Salisbury, MD: Delmarva Publications, Inc., 2015).
1) Leon Alligood, staff writer, *The Tennessean*, October 17, 2005, sect. A, pp. 1-2.
2) "For Such a Time as This in Los Angeles," *Revive Our Hearts* podcast, March 10, 2021, https://www.reviveourhearts.com/podcast/revive-our-hearts/such-time-los-angeles/.
3) Charles Dickens, *Great Expectations* (Oxford: Oxford University Press, 1994), 82. 『위대한 유산』.
4) Chris Brauns, *Unpacking Forgiveness: Biblical Answers for Complex Questions and Deep Wounds* (Wheaton, IL: Crossway, 2009), 14. 『위대한 용서』(미션월드).

01 상처 입은 삶

명구: Oswald Chambers, *The Place of Help: A Book of Devotional Readings* (New York: Grosset & Dunlap, 1936), 266. 『도움의 장소』(토기장이).
1) John Feinstein, *The Punch: One Night, Two Lives, and the Fight That Changed Basketball Forever* (Boston: Little, Brown, and Co., 2002), introduction.

02 용서를 거부할 때

명구: Vaneetha Rendall Risner, "We Cannot Cling to Bitterness and God," Desiring God, March 6, 2021, https://www.desiringgod.org/articles/we-cannot-cling-to-bitterness-and-god.

1) Lawrence O. Richards, *New International Encyclopedia of Biblical Words* (Grand Rapids: Zondervan, 1991), 127.
2) *The Jewish People in the First Century: Historical Geography, Political History, Social, Cultural and Religious Life and Institutions*, vol. 2, S. Safrai and M. Stern, eds. (Assen/Amsterdam: Van Gorcum, 1976), 665.
3) Jordana Lewis and Jerry Adler, "Forgive and Let Live," *Newsweek*, September 27, 2004, 52.
4) "The Good Heart," *Newsweek*, October 3, 2005, 49-55.
5) "As We Forgive Our Debtors," message preached by John Piper, March 20, 1994, https://www.desiringgod.org/messages/as-we-forgive-our-debtors.

03 용서의 약속

명구: "The Freedom of Forgiveness: Tony Evans," Tony Evans and The Urban Alternative, accessed February 7, 2022, https://tonyevans.org/blog/the-freedom-of-forgiveness.

1) Ernest Cassutto, *The Last Jew of Rotterdam* (San Francisco: Purple Pomegranate Productions, 2001), 124-25, 161-63.
2) Corrie ten Boom, *The Hiding Place* (London: Hodder and Stoughton, 1976).『주는 나의 피난처』(생명의말씀사).
3) C. S. Lewis, *The Weight of Glory* (New York: HarperCollins, 2001).
4) 하나님은 악인을 처벌하고 의인을 보호하기 위해 정부와 교회의 권위를 제정하셨다. 당신은 배우자나 자녀, 고용주를 마음속으로 용서하는 동시에, 하나님이 그러한 범죄를 다루기 위해 세우신 당국에 그들의 불법 행위를 신고하거나, 회개하지 않는 사람을 교회의 영적 리더십에 호소할 수 있다.

04 예수님 때문에 용서하라

명구: D. Martyn Lloyd-Jones, *Studies in the Sermon on the Mount* (Grand Rapids: Eerdmans, 1976), 349.

1) 라이프 액션 미니스트리(Life Action Ministries)는 개인과 공동체의 부흥을 위해 하나님께 기도할 목적으로 지역 교회에서 파견 모임을 진행하는 팀들이 있

다. 라이프 액션에 대해 더 알길 원하거나 당신의 교회에서 팀을 예약하는 방법에 대해 문의하려면 아래로 연락하길 바란다.
P. O. Box 31, Buchanan, MI 49107; 800-321-1538; www.LifeAction.org; info@LifeAction.org.
2) Oswald Chambers, *My Utmost for His Highest* (Grand Rapids: Our Daily Bread Publishing, 2011), November 19 entry. 『주님은 나의 최고봉』(토기장이).
3) 위의 책, November 20.
4) 위의 책, November 20.
5) "Life of Cowper," *North American Review*, vol. 38, no. 82, January 1834, 13.
6) William Cowper, John Newton, *Olney Hymns: In Three Books* (United Kingdom: W. Oliver, 1779).
7) Chantal da Silva, "'Forgiveness' Is Trending after Moment Botham Jean's Brother Hugged Police Officer Who Killed Him and Told Her: 'I Don't Even Want You to Go to Jail,'" October 2, 2019, https://www.newsweek.com/botham-jean-brother-bryant-offers-forgiveness-hug-amber-guyger-dallas-1462868, https://www.youtube.com/watch?v=NkoE_GQsbNA.
8) Religion Today Summaries, Wednesday, June 22, 2005. Religion Today Summaries is a publication of Crosswalk.com, a website provided by the Salem Radio Network.

05 용서의 기술

명구: Dr. Crawford Loritts, https://twitter.com/CrawfordLoritts/status/618402631879389184.
1) Gracia Burnham with Dean Merrill, *To Fly Again* (Wheaton, IL: Tyndale, 2005), 43.
2) 위의 책, 43-44.

06 하나님께 화를 내다

명구: C. S. Lewis, *The Screwtape Letters* (New York: HarperCollins, 2001). 『스크루테이프의 편지』(홍성사).
1) John Piper, January 6, 2006 letter.

07 진정한 용서와 거짓 용서

명구: John Piper, *Future Grace* (Sisters, OR: Multnomah Press, 1995), 268. 『장래의 은혜』(좋은씨앗).

1) C. H. Spurgeon sermon, "Forgiveness Made Easy," http://www.spurgeon.org/sermons/1448.htm.

08 복으로 갚으라

명구: Chris Brooks, https://woodsidebible.org/the-healing-power-of-justice-the-longing-for-eternity/.

1) "Glory from the Ashes," Focus on the Family (December 2001); "The Kamikaze of God," *Christianity Today* (December 3, 2001).
2) Thomas Watson, *The Lord's Prayer* (Edinburgh: The Banner of Truth Trust, 1999), 252 (first published as part of *A Body of Divinity*, 1692).
3) Burnham with Merrill, *To Fly Again*, 54.
4) 위의 책, 54-55.
5) 그녀가 남편을 '축복'하고 그에게 '선을 행한다는 것'이 남편의 죄악 된 선택을 괜찮다고 하거나 간과하거나 용인하는 것을 의미하지는 않는다. 진정한 사랑은 진실을 말할 것을 요구한다. 그러나 그녀는 원망이나 악독이나 악의 없이 남편을 축복하고 선을 행하기로 했다.

맺는 글 용서의 힘

명구: Elisabeth Elliot, *Love Has a Price Tag* (Ann Arbor, MI: Servant Publications, 1979), 48.

1) Samuel Davies, "The Pardoning God," https://hymnary.org/text/great_god_of_wonders_all_thy_ways.

소그룹
토의 가이드

1. 시작할 때

이 타락한 세상에서 우리가 경험하는 상처와 고통을 해결해 주는 '마법의' 단어나 비밀 처방은 없다. 그러나 용서는 우리에게 잘못을 저지른 사람들에게 포로가 되는 것에서 우리를 자유롭게 해 주는 강력한 열쇠다. 비록 진정한 용서를 실천하는 데는 어려움이 있지만, 하나님의 말씀은 우리가 앙심과 후회와 고통에서 벗어나는 것이 가능하다는 사실을 보여 준다. 이것이 용서를 선택하라는 이 책의 메시지다.

2. 그룹 리더를 위한 도움말

형식 및 구조

이 토의 가이드의 목적은 참가자들이 용서에 대해 깊이 이해하고 용서의 마음과 생활방식을 기르도록 돕기 위한 것이다.

이 자료는 소그룹에서 다양한 상황에 사용할 수 있도록 고안되었다. 『용서를 선택하라』는 8개 장으로 구성되어 있으며, '시작하는 글'과 '맺는 글'이 덧붙어 있다. 따라서 이 토의 가이드는 10번의 모임을 위한 자료를 제공한다(원한다면, 시작하는 글과 1장, 그리고 8장과 맺는 글을 결합하여 8번의 모임을 할 수도 있다).

당신의 그룹에 가장 적합한 일정에 따라 매주 또는 그 이하로 모일 수 있다. 이 공부를 서둘러 마치려고 하지 말라. 그룹원이 이 자료를 소화하고 적용하는 데 추가적인 시간이 필요한 경우 세심하게 배려하라.

각 그룹원에게 모임 전에 각 장을 읽고 각 장 마지막에 있는 '적용하기'를 숙제로 해 오도록 권장하라. 가능하면 그들이 이 토의 가이드에 있는 질문을 미리 살펴보고 나눌 준비를 하도록 하라.

민감하라

용서라는 주제 전체가 가해 및 관계의 문제를 내포하고 있다. 사람들은 대부분 이 주제에 집중하는 시간을 갖는 데 고통과 불편함을 드러낼 가능성이 크다. 소그룹에 속한 사람들에게 충분한 시간을 주라. 그러면 영혼을 성장하게 할 많은 가능성을 볼 수 있을 것이다. 어색하고 불편한 순간을 두려워하지 말라. 그룹원들에게 성령님이 확신과 은혜를 가져다주실 수 있는 여지를 남기라.

그룹원들이 자기 삶을 나눌 때 앙심이나 자기 의를 드러낼 수도 있을 것이다. 이때는 지혜롭고 세심하게 경청하라. 바로잡기 위해 뛰어들지 말고, 그들을 위해 기도하며 이 부분에 깊은 역사가 나타나도록 하나님을 의지하라. 가장 중요한 일은 그 그룹이 복음을 명확하게 알 수 있도록 하는 것이다. 이 모임의 최종 목표는 하나님이 우리를 얼마나 많이 용서하셨는지 알고, 우리에게 죄지은 사람들에게 기꺼이 용서를 베풀고자 손 내미는, 감사의 마음이 가득한 예배자 그룹을 형성하는 것이다.

지혜와 친절로 인도할 수 있도록 하나님께 은혜를 구하라. 모임이 진행되는 동안 하나님이 각 그룹원을 만나 주시길 기도하라. 주님이 그분의 영광을 위해 그들 각자의 마음과 삶에 역사를 나타내시길 기도하라.

그룹 토의 지침

첫 번째 만남에서 몇 가지 기본 규칙을 정하면 도움이 될 것이다.

첫째, 비밀 유지가 중요하다. 그룹원들은 나눔에서 드러난 모든 관계 문제가 그룹 밖으로 나가서는 안 된다는 것을 알아야 한다(교회 또는 법적 당국의 지식과 개입이 필요한 문제는 예외일 수 있다). 자기 죄가 아니라면, 그 죄에 대해 다른 사람들과 세부 사항을 논의할 이유가 없다. 다른 사람의 죄보다 자신의 죄를 고백하도록 하라!

둘째, 이 모임은 고해성사나 상담이 아니라 그룹 토의다. 만일 그룹원 중 한 명이 어려움을 겪고 있고 개인적인 도움이 더 필요하다면, 다른 시간에 만나기로 하거나 목회자 또는 현명하고 연로한 분과의 만남을 제안하라. 그러면 그는 필요한 치료를 받을 수 있고, 그룹은 하나님이 다른 사람들의 삶에서 하시는 일에서 벗어나지 않을 것이다.

셋째, 함께 시간을 즐기라. 그룹의 규모와 할당된 시간에 따라 자유롭게 나눔을 진행하라. 부차적이거나 관련 없는 나눔으로 빠지지 않도록 주의하라. 하지만 매번 모일 때마다 모든 질문에 답해야 한다는 압박감을 느끼지 말라. 사용할 수 있는 시간과 그룹의 규모 및 개방성에 따라 두세 가지 질문만 나누고 마칠 수도 있다. 목표는 모든 내용을 다루는 것이 아니라, 그룹에 속한 사람들이 그리스도를 만나고 그분의 놀라운 은혜에 대한 이해가 성장하는 것이다.

시작하는 글
용서를 선택하라

시작하기

이 공부를 시작하면서 당신은 이 책을 읽고 토의 그룹에 참여하는 가운데 어떤 일이 일어나기를 바라는가? 당신의 생각을 그룹과 나누라(이 공부를 통해 무엇을 얻을 수 있을지 지금 메모해 두었다가 공부가 끝날 때 그 생각들을 다시 정리하는 것도 좋다).

준비하기

책 첫 페이지에 나오는 하산 데콰니-타프티 주교의 인용 글을 한 명이 크게 읽게 하라. 이 사람의 관점이 특별한 이유는 무엇인가?

다른 사람으로 인해 개인적인 상실이나 고통을 겪으면서 이와 유사한 방식으로 반응하는 사람을 본 적 있는가? 그런 모습을 보고 당신은 어떤 생각을 하는가?

과거의 힘들거나 고통스러웠던 상황을 통해 당신 삶이 어떻게 풍요로워졌다고 생각하는가?

깊이 공부하기

❶ 크리스 브라운스 목사는 『위대한 용서』라는 책 서론에서 "교회에서 나는 용서와 관련한 복잡한 문제로 많은 사람과 상담하며 참으로 많은 시간을 보냈다. …지난 세월을 돌이켜 볼 때 나는 피곤하고 상처받은 수많은 사람의 모습을 떠올릴 수 있다."라고 말한다. 당신 또는 당신이 아는 누군가가 '복잡한 용서 문제'로 씨름했던 실례가 있는가?

❷ 딸 에이드리언의 살해 사건에 대한 레지나 호켓의 반응을 주제로 이야기하라. 어떤 반응이 눈에 띄는가?

❸ 스토커의 손에 딸이 살해당한 후 여전히 정신적 충격에 빠져 있던 한 어머니는 "내가 어떻게 용서할 수 있겠습니까?"라고 묻는다. 사람들이 용서의 '방법'에서 어려움을 겪는 이유는 무엇인가?

❹ 미스 하비샴의 이야기는 많은 사람이 억울한 일을 당했을 때 어떤 반응을 나타내는지 보여 준다. 사람들은 상처받으면 '커튼을 드리우고, 시계를 멈춘다.' 당신 자신이나 당신이 알게 된 누군가의 삶에서 이런 억울한 사건과 함께 나타난 반응을 언급할 수 있는가?
(다른 사람들에게 부정적인 시각을 줄 수 있는 세부 사항은 나누지 않도록 주의하라.)

❺ '시작하는 글'에는 이런 내용이 있다. "우리가 서로의 삶에 진정한 자비의 도구가 되려면, 우리는 진리, 즉 '하나님의' 진리로 이런 일을 대해야 한다. …다른 사람의 동정심은 당신에게 일시적인 '위로'

를 줄 수는 있지만, 용서로 얻을 수 있는 지속적인 '해방'의 자유를 줄 수는 없다."

당신은 부당한 일을 당한 사람에게 그가 용서를 베풀어야 한다는 '진리'를 말하지 못하고 단지 '동정심'과 공감만 나타내려는 유혹을 느꼈던 상황이 있는가?

당신이 억울한 일을 당했을 때 당신에게 동정심을 보여 주는 것을 넘어서 용서의 길을 선택하도록 용기를 북돋아 준 사람이 있는가? 그 결과는 어땠는가?

❻ 히브리서 12장 15절을 읽고 나누라. 이 구절은 하나님의 은혜와 앙심의 본질 및 결과에 대해 우리에게 어떤 통찰력을 주는가?

❼ "우리의 문제는 용서에 대해 모르는 데 있지 않다. …문제는 내 속에 있는 앙심을 인식하지 못하거나 모르는 데 있는 것이 아니라 단지 용서를 선택하지 않는 데 있다."

이 공부 과정을 통해 그룹원들이 용서의 메시지를 더 온전히 이해할 수 있도록 우리 모두의 눈과 마음을 열어 달라고 하나님께 간절히 기도하라.

해야 할 일

성경이 용서에 대해 무엇을 말하고 있는지 얼마나 잘 아는가? 다음 모임을 하기 전에 성경 뒤쪽에 있는 용어 색인이나 온라인 검색을 이용하여 용서(또는 앙심)를 주제로 하는 여러 구절을 찾아보라. 마음에 와닿는 구절이 있다면 다음 모임에서 나눌 준비를 하라.

은혜의 메모

히브리서 12장 15절의 약속은 용서라는 어려운 일을 할 수 있도록 하나님의 은혜가 당신에게 주어진다는 것이다. 당신은 혼자 힘으로 용서와 씨름하는 것이 아니다. 이 여정은 전적으로 은혜에 기반한다!

01
상처 입은 삶

시작하기

1장의 주제는 오스왈드 챔버스의 첫 인용문에 요약되어 있다. "마음에 상처를 받아 본 적 없는 사람은 용서하는 것에 대해 그럴듯하게 말한다. 그러나 상처를 입으면 우리는 하나님의 은혜 없이는 사람이 다른 사람을 용서하는 것이 가능하지 않다는 것을 안다."

죄가 남긴 상처를 인정하는 것이 왜 중요한가?

지난 과제에 이어서

지난번 과제는 용서와 관련한 다양한 성경 구절을 묵상하고 공부하는 것이었다. 당신의 마음에 특히 와닿았던 구절은 무엇인가? 그 이유는 무엇인가?

깊이 공부하기

❶ "이 타락한 세상에서 고통은 피할 수 없다. 당신은 다른 사람들에

게 상처받고, 악한 일을 당하고, 모독을 당할 것이다. 이를 피할 길은 없다."

이러한 현실이 시사하는 바는 무엇인가? 이 사실을 염두에 두는 것이 어떻게 도움이 될 수 있는가?

❷ "우리 삶의 결과는 우리에게 발생한 일에 의해 결정되는 것이 아니라 우리가 어떻게 반응하느냐에 의해 결정된다."

우리는 '피해자 의식'을 키우는 문화에 살고 있다. 이러한 사고방식은 어떤 결과를 낳는가? 자기 반응에 책임지기보다 자신을 주변 상황이나 다른 사람의 선택의 '피해자'라고 생각한 적은 없는가? '피해자 의식'에서 어떻게 자유로워질 수 있는가?

❸ 저자는 "삶의 상처와 부당한 일에 대한 경험에 대응하는 방법으로는 본질적으로 두 가지가 있다."라고 설명한다. 이 두 가지 반응과 그 결과에 대해 나누라. 그룹에서 한 사람 이상에게 '빚 독촉자'로서 대응했던 때에 대해 나누도록 요청하라.

❹ 만약 하이디의 아버지가 병원을 상대로 소송을 제기했다면, 당신은 법적인 승소가 그에게 평화와 만족을 가져다주었을 것으로 생각하는가? 우리의 법률 시스템은 때때로 어떻게 우리가 용서하지 못하도록 막는가? 과실이나 잘못을 이유로 상대방을 고소하는 것이 옳은가? 그 결정을 내릴 때 어떤 성경적 원칙이 적용되어야 하는가?

❺ 루디 톰자노비치는 그의 경력을 망친 선수를 미워하는 것이 "마치 독을 마신 상태에서 다른 사람이 죽기를 바라는 것과 같다."라고 말했다. 이 말은 무슨 뜻일까? 앙심은 왜 독과 같은가? 그것은 우리에게 어떤 영향을 미치는가? 다른 사람에게는 어떤 영향을 미치는가?

❻ 그룹원들이 1장 '적용하기' 질문의 답을 한 가지 이상 나누게 하고 모임을 마치라.

해야 할 일

마태복음 18장 21-35절을 기도하는 마음으로 읽으라. 하나님 나라 안에 있는 사람들에게 '빚 독촉'은 생각조차 할 수 없는 일이다. 그 이유는 무엇인가? 당신은 빚 독촉자인가? 당신이 가해자의 머리 위에 쌓아 놓은 빚이 있는지 이 구절을 통해 주님이 말씀해 주시기를 기도하라.

은혜의 메모

"서서 기도할 때에 아무에게나 혐의가 있거든 용서하라"(막 11:25). 우리는 다 죄가 있다. 그런데 거룩하신 하나님이 우리 기도를 받으실지 어떻게 알 수 있는가? 그분은 공의로우신 하나님이다. 그분은 죄를 회반죽으로 덮지 않으신다. 우리의 죄는 그분을 심히 불쾌하시게 한다. 하나님은 죄를 처벌하지 않으실 수 없다. 그래서 예수님은 우리가 은혜의 보좌에 담대히 나아갈 수 있도록 우리의 죗값을 치르셨다. 다른 사람을 용서하는 우리의 능력은 주님의 이 대속의 은혜에 기초한다. 우리가 얼마나 많이 용서받았는가를 염두에 두면 다른 사람을 용서할 수 있고, 하늘 아버지께서 공의를 이루실 것을 신뢰할 수 있다.

02
용서를 거부할 때

시작하기

앙심은 정말 미묘한 죄다. 우리는 보통 자기 마음속의 앙심을 잘 알지 못한다. 이번 모임의 주제에 비추어, 마음과 생각에 '품은' 앙심의 숨은 뿌리를 성령님이 조명해 주시길 기도하는 것으로 모임을 시작하라.

히브리서 12장 1-17절을 읽으라. 각 그룹원이 한 구절씩 돌아가며 읽게 하라. 이 구절에서 어떤 것이 우리 삶에 닥치는 '어려운 일들'을 처리하는 데 도움을 줄 수 있겠는가?

깊이 공부하기

❶ 우리 마음속의 앙심을 감지(또는 인정)하기가 어려울 수 있다. 우리 삶에서 상처가 앙심으로 바뀐 것을 보여 주는 증거는 무엇인가?

❷ 종종 앙심 때문에 나타나는 행동과 태도에는 어떤 것들이 있는가?
(엡 4:31-32, 롬 3:14, 골 3:19 참조)

❸ 다음 영역에서 앙심은 우리에게 어떤 영향을 미치는가?
- 우리 마음과 감정
- 다른 사람들과의 관계
- 하나님과의 관계

❹ 용서할 줄 모르는 종의 비유(마 18:21-35)에서 무엇을 깨달았는지 나누라.
이 종이 빚진 엄청난 금액은 우리의 죄, 그리고 우리가 하나님께 받은 용서와 관련하여 어떤 관점을 제시하는가?
예수님은 우리가 용서를 거부할 때 우리 자신을 "옥졸들"에게 넘겨주는 것이라고 말씀하셨다(34절). 이 '옥졸들'은 누구인가?
우리가 용서하지 못하는 경우, 하나님의 사랑과 용서를 경험하는 것에 어떤 영향을 미치는가?(35절)

❺ 용서하지 않으면 왜 사탄이 우리 삶에 침투할 발판을 두게 되는가?

❻ 저자는 "음행의 죄는 다른 많은 죄악과 문제들처럼 악독의 뿌리와 연결되는 때가 많다."라고 확신하며 말한다. 성적인 죄가 어떻게 악독의 뿌리와 연결될 수 있는지 나누라.

❼ 그룹원들이 2장 '적용하기' 질문의 답을 한 가지 이상 나누며 하나님이 그들에게 보여 주신 것을 공유하도록 하라.
하나님의 은혜를 받아 마음속에 있는 악독의 뿌리를 해결하고 싶다고 고백하는 사람을 위해 기도의 시간을 가지라.

해야 할 일

당신의 배우자 또는 동성 친구와 함께 2장에 실린 '앙심을 품고 있는지 알아내는 방법'을 읽으라. 이 부분에서 당신이 용서하지 못한 증거가 있는지 당신의 배우자 또는 친구에게 물어보라. 문제가 드러나면, 예수님이 행하신 일에 근거하여 당신에게 빚진 모든 자의 빚을 탕감할 수 있는 은혜를 달라고 함께 기도하라.

은혜의 메모

만일 비난과 낙담의 유혹을 받는다면, 이러한 반응은 당신 내면에 여전히 교만이 숨어 있다는 증거임을 기억하라. 대신, 자기 힘으로는 용서할 능력이 없다는 사실을 인정하라. 하나님이 당신의 다른 죄악들에 대해서도 회개할 수 있는 은혜를 주시는 것처럼, 당신에게 모든 앙심을 버릴 수 있는 은혜를 주신다는 믿음을 가지라. 하나님의 은혜가 더 필요할수록 당신은 하나님을 더 영화롭게 할 것이다!

03
용서의 약속

시작하기

코리 텐 붐은 이렇게 말했다. "세상의 치유는 우리 자신의 선함이나 용서가 아닌 오직 주님의 선하심과 용서에 달려 있다." 나치의 유대인 대학살에서 살아남은 사람, 코리 텐 붐에 대해 아는가? 그녀의 감동적인 이야기는 그녀의 책과 영화 '주는 나의 피난처'를 통해 소개된 바 있다. 코리의 삶이 용서를 선택하라는 메시지를 어떻게 보여 주는지 기억나는 부분이 있는가?

어떤 의미에서 세상의 치유가 그리스도의 용서에 달려 있는가?

지난 과제에 이어서

앙심을 알아내는 방법에 대한 진술을 배우자 또는 동성 친구와 검토했을 때 어떻게 되었는가? 당신이 이전에 알아차리지 못했던 앙심에 대해 상대방이 알려 준 것이 있는가?

깊이 공부하기

❶ '삭제된 기록'과 컴퓨터의 '삭제 키'는 용서의 본질을 어떻게 설명하는가?

❷ "용서는 약속이다."라는 말은 무엇을 의미하는가? 누군가를 용서할 때 우리는 어떤 '권리'를 포기해야 하는가?

❸ 어니스트 카수토 또는 로나 윌킨슨의 이야기에서 어떤 것이 인상적이었는가? 그들이 용서를 선택했을 때 그들의 '원수'에게 어떤 영향을 미쳤는가?

❹ 저자는 "어떤 한계점을 넘으면 용서할 필요가 없는가? 용서가 '불가능한' 죄가 따로 있는가?"라고 묻는다. 당신은 하나님의 말씀에 근거하여 이 질문에 어떻게 대답하겠는가?

❺ 용서는 어떤 의미에서 복음의 핵심인가?

❻ 용서하면 가해자가 그가 지은 죄의 결과를 경험하지 않게 되리라는 우려에 당신은 어떻게 대답하겠는가?
우리가 누군가를 용서할 때, 그 사람이 자신의 잘못된 선택에 대한 책임을 지지 않거나, 그 결과를 경험하지 않아야 한다는 뜻인가? 용서와 정의가 상호 배타적이지 않다는 사실을 두고 이야기하라.

❼ 성경에 나오는 요셉과 아비가일의 이야기는 우리에게 죄지은 사람

들에게 우리가 어떻게 반응해야 한다고 가르쳐 주는가?

❽ 그룹원들이 3장 '적용하기' 질문의 답을 한 가지 이상 나누게 하라.

해야 할 일

어니스트 카수토처럼 당신의 용서로 인해 누군가가 하나님을 대적한 죄에 대해 하나님의 자비를 받을 수 있을 것이다. 마음에 떠오르는 구체적인 상황이 있는가? 그 사람의 삶에 하나님의 은혜로운 개입이 임하도록 기도하라.

은혜의 메모

죄의 심각성 때문에 누군가를 용서하는 것이 두렵다면, 하늘 아버지께서 그 죄를 그 누구보다 미워하신다는 사실을 기억하라. 그분은 그 죄를 반드시 처벌하실 것이다. 당신의 죄를 용서받은 것처럼 그 죄도 그리스도의 십자가의 자비로운 속죄 사역으로 용서받을 수 있다.

04

예수님 때문에
용서하라

시작하기

4장은 이 책의 핵심이다. 그리스도의 십자가 희생에서 나타난 하나님의 사랑과 자비에 초점을 맞추어 이 모임을 시작하라. 선택된 구절들을 읽거나, 간단한 감사 기도와 예배를 드리거나, 적절한 찬송가 및 성가곡을 부르도록 인도할 수 있다.

깊이 공부하기

❶ 4장에서 오스왈드 챔버스가 "하나님이 나를 용서하실 수 있는 유일한 근거는 주님의 십자가다."라고 말한 것은 무엇을 의미하는가? 가해를 당한 사람들에게 십자가는 무엇을 의미하는가? 십자가는 어떻게 우리가 다른 사람에게 용서를 베풀 수 있게 하는가?

❷ 이 장에서 저자는 우리가 겪는 가장 어려운 시련이 어떻게 우리 삶에서 하나님의 구속 목적을 위해 사용될 수 있는지 이야기한다. 이

점을 뒷받침하는 성경 구절이나 사례는 무엇이 있는가?

❸ 빌레몬서에 나오는 세 인물은 누구이며, 깨어진 관계에서 그들이 나타내는 세 가지 역할은 무엇인가? 그들은 용서의 본질과 목표에 대해 우리에게 무엇을 가르쳐 주는가?
이 시대의 '화평케 하는 자'로서 두 개인이나 두 집단 사이에서 화목을 가져오려고 노력한 사람을 알거나 들어 본 적이 있는가?

❹ 당신은 사람들이 "나는 나 자신을 용서할 수 없어."라고 말하는 것을 들어 본 적 있는가? 어쩌면 당신도 이런 생각을 해 봤을 것이다. 이런 생각이 하나님의 말씀과 일치하는가? 당신은 "나 자신을 용서할 수 없어."라고 말하는 사람을 어떻게 도와주겠는가?

❺ 유다 벤허의 친구 에스더는 벤허의 마음 깊은 곳에 분노와 앙심이 있는 것을 보고 말했다. "당신은 지금 악을 악으로 갚으면서 당신이 죽이려는 바로 그 사람이 되어 가고 있어요. 증오가 당신을 차가운 돌처럼 만들고 있어요. …당신은 마치 메살라가 된 것 같아요." 당신은 우리가 종종 자신이 가장 원망하는 사람처럼 된다는 것이 사실이라고 생각하는가? 왜 그럴까?

❻ "우리가 다른 사람에게 주님의 용서를 베풀 때 우리가 선포하는 복음은 가장 확실한 진리로 온 세상에 증거될 수 있다." 우리가 기꺼이 용서하거나 혹은 용서하지 않는 것이 불신자들이 복음을 바라보는 방식에 어떤 영향을 미치는가? 당신이 목격하거나 경험한 실제

사례(부정적이든 긍정적이든)로는 어떤 것들이 있는가?

❼ "용서를 받아들이라. 그리고 용서하라." 이 표현의 의미를 설명하라.

❽ 그룹원들이 4장 '적용하기' 질문의 답을 한 가지 이상 나누게 하라.

해야 할 일

로마서 8장 12-39절을 읽으라. 읽으면서 당신이 부당한 일을 당해 용서하려고 노력하는 것들이 있는지 생각해 보라. 이 구절에서 당신의 상황과 관련된 내용과 약속을 나열하라.

은혜의 메모

당신은 당신 자신을 용서할 필요가 없고 단지 하나님의 용서를 받아야 한다는 사실에 놀랐을 수도 있다. 하나님의 용서를 확신하는 것이 정죄와 후회의 흔한 유혹에 맞서 싸우는 가장 좋은 방법이다. 더 좋은 것은, 이 용서는 당신의 힘으로 할 수 있는 일이 아니라는 것이다. 당신은 억지로 용서하거나 용서해야 한다고 혼잣말할 필요가 없다. 당신의 죄에 대한 하나님의 관점과 그분의 풍성한 자비가 필요하다는 사실에 겸손히 동의하면 된다.

05
용서의 기술

시작하기

5장에서 우리는 용서의 여정에서 약간의 전환점을 맞이한다. 지금까지는 용서의 '이유'를 설명하는 데 시간을 할애했다면, 이제는 '어떻게'에 초점을 맞출 것이다. 용서의 과정이 어떻게 이루어지는지, 그리고 어떻게 하면 우리가 하나님과 더 친밀하고 사람들과의 관계에서 더 자유로울 수 있는지 살펴볼 것이다.

지난 과제에 이어서

당신의 현재 상황에 로마서 8장 12-39절을 어떻게 적용했는가? 주님이 그 구절에서 어떤 깨달음을 주셨는가?

깊이 공부하기

❶ 저자가 이 장에서 설명한, '다른 사람을 용서하기 위한 세 가지 실천적인 단계'를 검토하라. 각 단계가 중요한 이유와 그 단계를 밟는

과정에서 마주칠 수 있는 몇 가지 장벽에 대해 이야기하라.

❷ 가해 사건을 '잊는 것'이 진정한 용서의 요건이 아닌 이유는 무엇인가?

❸ 마음 상하는 일이 발생했을 때 가해자가 95퍼센트의 잘못을 했고 당신은 5퍼센트만 잘못했다면 어떻게 해야 하는가? 하나님은 당신이 어떻게 반응하기를 바라시는가?

❹ 다른 사람을 용서할 때 감정과 믿음은 어떤 역할을 하는가?

❺ 저자가 "용서는 초자연적이다."라고 말한 것은 무슨 의미인가? 그 실재는 무엇인가?

❻ 그레이샤 번햄의 간증에서 용서에 대한 어떤 통찰을 얻을 수 있는가?

❼ 저자의 친구, 곧 남편이 간음을 저지른 아내의 이야기에서 어떤 점이 마음에 와닿았는가? 그렇게 억울한 고통을 당한 사람이 어떻게 그 경험을 "포용해야 할 선물"로 여기게 된 것일까?

해야 할 일

아직 작성하지 않았다면, 이 장에서 권장한 대로 '용서의 과정' 용지를 작성하라. 다음 모임 때 이 용지를 가져오라.

은혜의 메모

"너희가 이것을 알고 행하면 복이 있으리라"(요 13:17). 축복은 믿음을 가지고 그 믿음을 행동으로 옮길 때 주어진다. 반대로, 순종을 소홀히 하거나 거부하는 것은 하나님의 축복을 잃는 것을 의미한다!

06

하나님께 화를 내다

시작하기

"사람이 무엇을 기대하든 어느새 그것을 가질 권리가 있다고 생각하게 되고, 그것을 얻지 못할 때의 실망은 쉽게 상처로 바뀔 수 있다."(6장 첫 인용문, C. S. 루이스).

우리 문화(또는 현재 발생하는 사건들)에서 충족되지 않은 기대와 실망이 분노와 '상처'로 바뀐 사례에는 어떤 것이 있을까?

지난 과제에 이어서

당신이 작성한 '용서의 과정' 용지는 어떤가? 그 용지에 발생 사건을 쓰면서 놀랐는가? 당신은 순종하는 은혜를 어떻게 경험했는가?

준비하기

당신은 도널드 드루스키가 제기한 우스꽝스러운 소송에 황당함을 느꼈는가? 그의 주장이 왜 터무니없는가?

깊이 공부하기

❶ 이 시대에 왜 이렇게 많은 분노가 표출되고 있다고 생각하는가?

❷ 저자는 이 장에서 "우리에게 하나님께 화낼 권리가 있는가?"라는 질문을 던진다. 당신은 이 질문에 어떻게 대답하겠는가?
성경의 저자들은 때때로 하나님께 '어려운' 질문을 하며 그들의 고통에 대해 격렬한 감정을 표현한다. 우리의 고통에 대해 하나님께 정직하게 말하는 것이 언제 선을 넘어 죄가 되는지 이야기해 보라.

❸ 저자는 "나는 모든 앙심은 어떤 면에서 궁극적으로 하나님을 향한 것이라고 믿게 되었다."라고 말한다. 이 말이 왜 맞는지 이야기해 보라. 심지어 다른 사람에게 억울한 일을 당했고, 하나님을 향한 원망을 의식하지 않았더라도 이 말이 사실이 될 수 있는지 이야기해 보라.

❹ 남편의 간음에 대한 빌 엘리프 어머니의 반응은 하나님의 은혜와 용서의 능력을 어떻게 보여 주는가?

❺ 때때로 우리는 하나님을 용서해야 한다고 생각한다. 이런 생각에는 어떤 문제가 있는가?

❻ 나오미에 대한 성경의 기록은 원망의 원인과 결과에 대해 무엇을 알려 주는가?

❼ 암 진단을 받은 존 파이퍼의 반응은 하나님에 대한 그의 관점을 어떻게 드러내는가? 룻기에 나오는 나오미의 반응은 하나님에 대한 그녀의 관점을 어떻게 드러내는가?

❽ 하나님과 그분의 섭리에 대한 우리의 관점은, 고통 가운데서 하나님께 응답하며 잘못한 사람들을 용서하는 우리의 능력에 어떤 영향을 미치는가?

❾ 6장 '적용하기' 질문에 대해 각자 무엇을 느꼈는가? 자유롭게 나누어 보라.

해야 할 일

"당신의 마음에 귀 기울여 보라. 당신은 하나님에 대해 어떻게 말하고 있는가? 당신의 삶은 하나님에 대해 무슨 메시지를 전하고 있는가?" 지금부터 다음 그룹 모임 때까지 당신의 배우자, 자녀, 동료, 룸메이트, 책임 파트너(일부 또는 전부)에게 당신의 마음에 귀 기울이는 일을 도와달라고 부탁하라. 그리고 당신이 어려운 상황에서 하나님에 대해 어떻게 말하는지 확인하고 부드럽게(그러나 정직하게!) 알려 달라고 요청하라. 그들이 관찰한 내용을 기록하고 당신이 알게 된 것을 나눌 준비를 한 후 다음 모임에 참여하라.

은혜의 메모

용서라는 힘든 '마음의 수고'를 행했을 때 돌아오는 결실은 당신이 기도해 왔던 모든 것이 참으로 감미롭게 회복되는 것이다. 하나님이 당신을 그분의 뜻에 굴복시키시는 것처럼 느껴질 수도 있지만, 당신의 상황을 최종적으로 해결해 주실 하나님을 신뢰할 때 진정으로 감미로운 보상이 있다!

07
진정한 용서와 거짓 용서

시작하기

이 장에서는 용서하지 않는 자리에는 아무런 위로가 없다는 엄연한 진리에 대해 논의할 것이다. 존 파이퍼가 다음과 같이 웅변하고 있기 때문이다. "하나님은 자기 아들을 주셨다. 그 아들은 누군가가 우리에게 행한 죄악에 대해 우리가 그 사람에게 줄 수 있는 그 어떤 고통보다 더 큰 고통을 당하셨다"(7장 첫 인용문).

지난 과제에 이어서

역경에 대한 당신의 반응이 하나님을 어떻게 나타내는지, 사람들이 당신에게 무엇을 보고했는가? 당신은 놀랐는가? 혹은 위로를 받았는가? 문제를 발견했는가?

깊이 공부하기

❶ 이 장에서 다룬 용서에 대한 네 가지 통념을 복습하라. 그룹원들이

이 통념 중 어떤 것이 그들의 용서 과정에서 어려움을 겪게 하는지 나누게 하라.

❷ 누군가를 용서하고도 용서와 모순되는 것처럼 보이는 변칙적인 감정을 갖게 될 가능성이 있는가? 그러한 감정을 어떻게 바라보고 어떻게 다루어야 하는가?

❸ 우리가 가해자를 용서하기로 선택한 후에도 왜 하나님은 우리가 그 상처를 잊지 않도록 하시는가? 하나님은 우리가 우리의 고통과 상처의 기억을 어떻게 사용하기를 바라시는가?(고후 1:3-5 참조) 자신의 개인적인 경험에서 이 원리를 설명할 수 있는 그룹원이 있다면 나누게 하라.

❹ 용서의 시점과 치유와 회복 과정의 관계에 대해 나누라.

❺ 저자는 바울이 그의 삶에서 실천한 세 가지 좋은 '습관'을 지적한다. 그 세 가지는 무엇인가?

❻ '관용'에 대해 이야기하라. 관용의 의미는 무엇인가? 왜 그것이 중요한가? 그룹원들에게 현재 또는 최근의 삶에서 관용을 나타내야 했던 실제적이고 개인적인 상황을 나누게 하라.

❼ 50여 년 전 에콰도르 정글에서 선교사 아버지를 잃은 스티브 세인트의 이야기가 당신에게 시사하는 바는 무엇인가? 미망인이 된 스

티브의 어머니가 아들에게 남긴 영적 유산과 남편을 잃은 그녀의 반응이 몇 년 후 성인이 된 아들에게 어떤 영향을 미쳤는가?

❽ 용서와 관련하여 다음 세대에 어떤 유산을 남기고 싶은가?

해야 할 일

앞으로 가정에서 관용을 베풀 수 있는 두 가지 실천 사항을 생각해 보라. 직장이나 교회에서 당신이 접하는 상황에서 어떻게 관용을 보여 줄 수 있는가? 당신이 직면할 수 있는 특정한 유혹에 대해 미리 계획하고 은혜를 베풀 준비를 하라!

은혜의 메모

죄를 용서받았던 일을 기억할 때 우리는 더욱 감사하게 될 것이다. 또한 다른 사람의 실패와 약점에 대해 연민을 가질 것이다. 이 장 시작 부분에 있는 존 파이퍼의 인용문을 묵상하라. 당신이 용서를 베풀 수 있도록 우리를 위해 희생 제물이 되신 예수님을 이해한다면, 당신에게 해를 끼친 사람들과 상황에 대해 주님의 은혜로 반응하는 데 도움을 얻을 것이다.

08
복으로 갚으라

시작하기
당신은 이 책을 집어 들었을 때 가장 어려운 부분이 진정한 용서를 베푸는 일이라고 여겼을 것이다. 이제 이 마지막 장에서 우리는 성령님의 역사 없이는 용서할 수 없다는 사실을 살펴볼 것이다. 이 모임을 기도로 시작하면서 진정으로 그리스도를 닮아 가도록 은혜를 달라고 간청하라.

지난 과제에 이어서
관용을 베푸는 두 가지 실천 사항은 어떻게 진행되었는가?

준비하기
로마서 12장은 이 장의 핵심이다. 한 구절씩 돌아가면서 함께 읽으라. 로마서 12장에서 얻는 '큰 깨달음'은 무엇인가?

깊이 공부하기

❶ 가해자를 용서하기로 한 후에도 과거의 고통에 '감정적으로 갇혀 있는' 것처럼 보이는 사람을 본 적 있는가? 저자는 이 장에서 사람들이 평화와 자유로 나아가는 데 도움이 될 수 있는 '열쇠'가 무엇이라고 언급하는가? 이 원리가 명확하게 나와 있는 로마서 12장 19-21절을 다시 읽으라.

❷ "용서는 단순히 가해자를 놓아주는 것에 그치지 않고 '그 이상'으로 나아가야 한다." '그 이상'이 어떤 모습인지 또는 무엇을 포함하는지 설명하라.
어떻게 해야 선으로 악을 이길 수 있는가? 마틴 번햄은 이 원리를 어떻게 보여 주었는가? 이 원리는 요셉의 삶에서 어떻게 드러났는가?

❸ 8장 '적용하기'에서 언급한 실천 부분에 어떻게 반응했는지 그룹원들과 나누라(가능한 한 투명하게 공개하되, 당신과 관련된 상대방에게 부정적인 영향을 끼치지 않도록 주의하라).

❹ "하나님은 우리가 당한 여러 끔찍한 상황을 그분의 자비와 은혜의 기념물로 만드신다." 우리가 정말로 그렇게 믿는다면 고통스러운 상황에 대한 반응에 어떤 변화가 생기겠는가?

❺ 베드로전서 2장 19-25절을 읽으라. 우리가 우리에게 죄지은 사람들을 용서하고 축복할 때 우리는 어떻게 그들의 삶에서 하나님의 구속하시는 은혜의 도구가 될 수 있는가? 당신은 이런 일이 일어나는 사례를 본 적 있는가?

해야 할 일

누가복음 6장 27-28절은 원수를 사랑하고, 우리를 미워하는 자에게 선을 베풀며, 우리를 저주하는 자를 축복하고, 우리를 모욕하는 자를 위해 기도하라고 말씀한다. 앞으로 당신을 대적하거나 모욕하는 사람을 위해 마음을 정하여 기도해 보라. 그리고 지혜와 재량에 따라 이 구절의 나머지 부분을 실천할 방법을 찾으라. 한 가지 제안이 있다. 성숙한 신앙인이나 당신을 맡은 책임 파트너, 즉 당신을 위해 기도해 주고, 당신이 지혜롭게 다음 단계를 밟을 수 있도록 도와줄 수 있는 사람, 당신이 계획한 대로 실천했는지 점검해 줄 사람과 이 문제를 이야기하라.

은혜의 메모

이 과제를 수행하는 과정에서 가해자를 축복할 방법을 성령님이 보여 주실 때 당신은 '축복의 통로'가 되는 일에 여전히 갈등을 겪을 수 있다. 하나님은 우리가 그분의 명령을 이행하는 데 필요한 은혜를 공급하신다. 이 사실을 기억하라. 그리스도의 힘과 은혜를 통해 당신은 선으로 악을 이길 수 있다. 교만이 당신을 가로막는다면, 하나님께 상하고 부드러운 마음을 주시도록 기도하라. 당신의 하늘 아버지는 당신이 용서의 자유를 온전히 경험하길 원하신다.

맺는 글

용서의 힘

시작하기

이 장 처음에 나오는 엘리자베스 엘리엇의 인용문은 다음과 같은 말로 마친다. "누가 용서의 힘에 맞설 수 있겠는가?" 용서에는 악독에서의 자유와 해방뿐만 아니라 그 이상의 것을 성취할 수 있는 엄청난 힘이 있다.

지난 과제에 이어서

당신을 대적하거나 당신에게 죄지은 사람을 위해 기도하고 그에게 친절을 베풀 기회를 가진 적이 있는가? 당신의 순종의 열매가 당신이나 그들에게서 나타난 것을 본 적이 있는가?

깊이 공부하기

❶ 이 장에서는 용서의 힘을 강조했다. 용서가 어떻게 가해자의 삶에 치유를 가져올 수 있는가? 피해자의 삶에는 어떤 치유를 가져오는가? 용서는 미래의 상황과 관계에 어떤 영향을 미칠 수 있는가?

❷ 보니는 어머니가 분노하는 장면을 담은 '레코드'를 마음속에서 수년 동안 재생했다. 어느 날 보니는 과거의 잘못들을 담은 그 '레코드'를 부숴 버렸다. 보니의 행동은 어떤 결과를 낳았는가?
당신도 부숴야 할 '레코드'가 있는가? 하나님이 당신에게 말씀하신 것을 그룹과 나누고, 기도가 필요한 사람들을 위해 기도의 시간을 가지라.

❸ 용서의 궁극적인 목표는 무엇인가? 우리가 용서를 선택할 때 하나님의 영광이 어떻게 드러나는가?

❹ 처음에는 십자가가 하나님의 계획에 대한 엄청난 패배인 것처럼 보였다. 그런데 어떻게 그것이 그분의 궁극적인 승리로 입증되었는가? 십자가의 승리는 이 타락한 세상에서 살아가는 우리 삶에 어떤 의미가 있는가?

❺ 지금까지 용서에 대해 배운 것 중 당신에게 가장 큰 도움이 된 내용은 무엇인가? 가장 큰 깨달음이나 영향을 준 내용은 무엇인가?

❻ 이 공부를 시작한 이후 당신의 삶, 주님과의 관계, 또는 다른 사람들과의 관계에서 어떤 변화를 경험했는가?

은혜의 메모

용서에 대한 공부를 마무리하는 데 주님의 보좌 주위에 모인 구속받은 자들의 하늘 축제와 예배에 참여하는 것보다 더 좋은 방법이 있을까?

또 내가 새 하늘과 새 땅을 보니 처음 하늘과 처음 땅이 없어졌고 바다도 다시 있지 않더라 또 내가 보매 거룩한 성 새 예루살렘이 하나님께로부터 하늘에서 내려오니 그 준비한 것이 신부가 남편을 위하여 단장한 것 같더라 내가 들으니 보좌에서 큰 음성이 나서 이르되 보라 하나님의 장막이 사람들과 함께 있으매 하나님이 그들과 함께 계시리니 그들은 하나님의 백성이 되고 하나님은 친히 그들과 함께 계셔서 모든 눈물을 그 눈에서 닦아 주시니 다시는 사망이 없고 애통하는 것이나 곡하는 것이나 아픈 것이 다시 있지 아니하리니 처음 것들이 다 지나갔음이러라 보좌에 앉으신 이가 이르시되 보라 내가 만물을 새롭게 하노라 하시고 또 이르시되 이 말은 신실하고 참되니 기록하라 하시고(계 21:1-5).

사명선언문

너희가 흠이 없고 순전하여……세상에서 그들 가운데 빛들로
나타내며 생명의 말씀을 밝혀 _ 빌 2:15-16

1. 생명을 담겠습니다
만드는 책에 주님 주신 생명을 담겠습니다.
그 책으로 복음을 선포하겠습니다.

2. 말씀을 밝히겠습니다
생명의 근본은 말씀입니다.
말씀을 밝혀 성도와 교회의 성장을 돕겠습니다.

3. 빛이 되겠습니다
시대와 영혼의 어두움을 밝혀 주님 앞으로 이끄는
빛이 되는 책을 만들겠습니다.

4. 순전히 행하겠습니다
책을 만들고 전하는 일과 경영하는 일에 부끄러움이 없는
정직함으로 행하겠습니다.

5. 끝까지 전파하겠습니다
모든 사람에게, 땅 끝까지, 주님 오시는 그날까지
복음을 전하는 사명을 다하겠습니다.

서점 안내

광화문점　서울시 종로구 새문안로 69 구세군회관 1층
　　　　　　02)737-2288 / 02)737-4623(F)

강남점　　서울시 서초구 신반포로 177 반포쇼핑타운 3동 2층
　　　　　　02)595-1211 / 02)595-3549(F)

구로점　　서울시 동작구 시흥대로 602, 3층 302호
　　　　　　02)858-8744 / 02)838-0653(F)

노원점　　서울시 노원구 동일로 1366 삼봉빌딩 지하 1층
　　　　　　02)938-7979 / 02)3391-6169(F)

일산점　　경기도 고양시 일산서구 중앙로 1391 레이크타운 지하 1층
　　　　　　031)916-8787 / 031)916-8788(F)

의정부점　경기도 의정부시 청사로47번길 12 성산타워 3층
　　　　　　031)845-0600 / 031)852-6930(F)

인터넷서점　www.lifebook.co.kr